コンパス
乳児保育

2017年告示 幼稚園教育要領，保育所保育指針
幼保連携型認定こども園教育・保育要領　準拠

編著：咲間まり子

共著：浅木尚実・小川千晴・郭　小蘭・菊地篤子・木村たか子
　　　木村由希・永井久美子・永瀬悦子・中野明子
　　　波多野名奈・細井　香・丸橋亮子

建帛社
KENPAKUSHA

はじめに

　保育士養成課程の必修科目であります「乳児保育」は，児童福祉施設における３歳未満児の保育について学ぶ科目です。厚生労働省が示した「教科目の教授内容」においても「広く乳児期（３歳未満児）の発達と保育について学びながら，そこにおける大人の役割について，事例をもとに具体的に理解させる」とあります。

　今般，様々な社会状況の変化を踏まえ，保育所保育指針が10年ぶりに改定され，あわせて幼保連携型認定こども園教育・保育要領も整合性をはかって告示されました。

　特に，０～２歳児を中心とした保育所利用児童数が増加している等を受け，乳児・１歳以上３歳未満児の保育に関する記載の充実がなされています。

　そこで，本書においても，０・１・２歳の発達を学ぶ過程で，この時期が人の一生に大きな影響を及ぼすことを知るとともに，心身ともにもっとも養護を必要とする保育の進め方，保育の計画の評価等について理解できる内容になっております。

　乳児保育が，日本の風土や子育て文化を踏まえ，乳児が育つ過程で保育者の豊かな人間性，緻密な観察力と想像力，そして不断の努力に支えられて乳児と向き合い，乳児との相互関係の中で営まれていることを，本書から学んで頂けること，各執筆者一同願っています。

　最後になりましたが，本書の刊行にあたりご協力いただきました保育所，認定こども園，幼稚園の関係者の皆様，ならびにこのような機会を与えてくださいました建帛社の黒田聖一氏に心からお礼を申し上げます。

2018年２月

編者　咲間まり子

目　　次

第4章　3歳未満児の発達過程からみる保育内容　39

第5章　基本的生活習慣の獲得 　53

第6章　乳児保育の計画と記録 　73

第1章 乳児保育とは

　乳児保育が，日本の風土や子育て文化を踏まえ，乳児が育つ過程で保育者（保育士，保育教諭をいう）の豊かな人間性，緻密な観察力と想像力，そして不断の努力に支えられていること，そして乳児との相互関係の中で営まれていることを学ぶ。また，乳児・1歳以上3歳未満児の発育・発達を学ぶ過程で，この時期が人の一生に大きな影響を及ぼすことを知るとともに，保育の進め方や保育の内容が組織的・計画的に構成され，総合的に展開される「全体的な計画の作成」について理解する。

1 乳児保育とは

　保育士養成課程の必修科目である「乳児保育」は，児童福祉施設における3歳未満児の保育について学ぶ科目である。

　厚生労働省が示した「教科目の教授内容」においても「3歳未満児の発育・発達について学び，健やかな成長を支える3歳未満児の生活と遊びについて理解する」とある。

　一方，児童福祉法第4条では，乳児とは「満1年に満たない者」と定義されており，母子保健法においても「この法律において『乳児』とは，1歳に満たない者をいう」（第6条）となっている。

　しかし，保育所では3歳未満児のクラスを「乳児クラス」とし，3歳以上児を「幼児クラス」と区別しているところが多い。保育士養成課程における乳児保育も前述のとおり0歳児だけでなく満3歳未満児を対象としている。

　本書においても，保育所及び保育士養成課程における扱いに順じ，3歳未満児の保育を「乳児保育」とするが，これは現行の保育制度からみても妥当なことと思われる。

　乳児保育は，様々な分野の学問や研究と深い関連がある。例えば，医療，保

健，社会福祉，栄養学，心理学，教育学等，人間に関わる領域すべてにわたる。こうした分野の知識の蓄積や実績，社会に果たす役割等から謙虚に学び，人が育つことへの理解を深めていくことが乳児保育には求められる。また，保育士養成課程の他の科目との関連も大切にしながら，乳児保育の実践力を養っていくことが必要とされる。

（1）０・１・２歳児が育つ場所

＊１　産休明け保育：
　産後休暇期間が終わった保護者の乳児を預かる保育。
延長保育：通常の保育時間を延長して行う保育。
休日保育：日曜・祝日等に保護者の勤務等により行う保育。
一時保育：通常の保育とは別に，子どもを一定期間だけ預かってくれる保育。

　近年，就労形態の多様化等社会の変化に応じて，様々な保育サービス[*1]（産休明け保育，延長保育，休日保育，一時保育等）が実施されている等，近年では，施設保育だけでなく施設外の在宅保育の存在も欠かせなくなってきている（第3章参照）。また，従来から保育サービスの中心であった保育所の需要も，女性の社会進出等による共働き世帯の増加とともに高まり，保育所の定員や入所児童数は年々増加している。

　就学前児童数は，2015（平成27）年より，2016（平成28）年の０・１・２歳児の児童数は減少傾向にある（表１−１）。

　しかし，就学前児童の保育所等（保育所・幼稚園・認定こども園・小規模保育所等）の利用率は，2015（平成27）年は37.9％，2016（平成28）年は39.9％のよう

表１−１　年齢区分別の就学前児童数

	2016（平成28）年4月[注1]	2017（平成29）年4月[注2]
3歳未満児（0〜2歳）	2,945,000人	2,936,000人
うち0歳児	961,000人	1,002,000人
うち1・2歳児	1,984,000人	1,934,000人
3歳以上児	3,109,000人	3,073,000人
全年齢児計	6,054,000人	6,009,000人

注1）人口推計年報〔2015（平成27）年10月1日〕
注2）人口推計年報〔2016（平成28）年10月1日〕
出典）厚生労働省『保育所関連状況取りまとめ』2017.

表１−２　年齢区分別保育所等利用児童の割合

	2016（平成28）年4月	2017（平成29）年4月
3歳未満児（0〜2歳）	975,056人（33.1％）	1,031,486人（35.1％）
うち0歳児	137,107人（14.3％）	146,972人（14.7％）
うち1・2歳児	837,949人（42.2％）	884,514人（45.7％）
3歳以上児	1,483,551人（47.7％）	1,515,183人（49.3％）
全年齢児計	2,458,607人（40.6％）	2,546,669人（42.4％）

注）（　）内は保育所等利用率を表す。
　　保育所等利用率＝当該年齢の保育所等利用児童数÷当該年齢の就学前児童数
　　　　　　　　　　出典）厚生労働省『保育所関連状況取りまとめ』2017.

に，増加傾向を示している（表1-2）。

　表1-2によると，3歳以上児の保育所等利用割合は，かなりの割合〔2015（平成27）年46%，2016（平成28）年47%〕で利用しているのがわかる。一方，3歳未満児のうち1・2歳児の保育所入所等は約4割だが，0歳児は2割弱にとどまっており，8割の乳児が家庭で育っており，家庭に対する支援の必要性が伺われる。

（2）家庭で暮らす乳児の生活

　乳児の大半が一日の生活を家庭において家族の養護のもとで育っていると述べてきたが，その生活は，環境に影響されながら，睡眠と覚醒を繰り返している。特に出生間もない頃の乳児では，ごく短時間の睡眠と覚醒を目まぐるしく繰り返すことがその特徴である。例えば，乳児は，一日24時間のなかで，昼夜に関係なく睡眠と覚醒を繰り返す様子がみられるが，やがて日を経過するにつれて1回の睡眠と覚醒それぞれの時間が延びていく。梶梅輝之（向洋こどもクリニック院長）によると，生後4か月以降には，体内時計が少しずつ発達し，昼夜の区別がつきはじめるため，この時期の睡眠時間は，平均で13時間〜14時間という。昼寝を朝・昼・夕と3回して，夜にまとまって眠るようになるという[1]。

　新生児期[*2]には空腹等の生理的欲求が昼夜を通してあり，その欲求がないときはほとんど眠っている状態がみられる。しかし生後1か月を経過する頃より，機嫌よく目覚めている姿が現れ始め，その時間は徐々に長くなっていく。またそれにともなって，昼間の午睡時間もある程度まとまった時間をとるようになる。

　また，養育者（一般に母親）は，生理的欲求に基づいて発せられる乳児の泣き声にその都度対応するが，必ずしも円滑に養育行動がすすむわけではなく，むしろ試行錯誤を繰り返すことのほうが多い。養育者は養育行動の中で様々な試行錯誤を行いながら乳児の個性を把握し，養育方法の実際を会得していく。

　しかし，ここに述べた内容は，あくまで家庭における乳児の一般的な生活リズムであり，個々の家庭における乳児の生活や養育の実際は，一様なものではない。

　さて，家族に新たに子どもが誕生した場合，夫婦2人だけの生活形態や生活ペースは一変する。または，両親と子ども1人の3人家族だったところへ新たに2人目の子どもが生まれれば，その家族間の人間関係はさらに複雑に変化し，生活様式も変化することになる。

　いずれにしても，子どもの誕生により，以前からの家族全員に大きな環境の変化があることは間違いないことである。

1）『マイナビウーマン子育て』http://woman.mynavi.jp/kosodate/articles/1204

*2　WHOは，生後28日未満を新生児期と定義している.

　子どもが生まれた当初は，養育者やそこにいる家族が，乳児に大きな影響を受けた生活ペースになる。特に，家庭で子育ての中心となる養育者は，乳児の欲求に対応する形でその生活ペースを組み立てていく。

　しかし，その存在に影響されるのは養育者やその家族だけではなく，乳児自身も養育者や家族から確実に影響を受けることになる。

　例えば，乳児が空腹時や睡眠導入時に泣いた際に，養育者はその欲求に応えるように乳児を抱き上げるが，その抱き方には様々なクセがでるものであり，一人として同じ抱き方をすることはない。そこで乳児は抱かれるたびにその抱き心地に慣れ親しんでいくことになり，いつしか，その抱かれ方や養育者の声等が乳児にとってもっとも情緒の安定する環境となっていく。

　このように，新たに誕生する乳児とそれを受け入れる家族とは，相互に影響を受けながら，やがて新しい生活形態を形成していく。また，乳児が保育所等を利用せずに終日を家庭で暮らす場合には，24時間，養育者が乳児の傍にいて生活を共にしながら養育することとなり，乳児は家庭で過ごす生活スタイルを確立していくのである。

（3）養育者と乳児の関係の育ち

　養育者は，授乳やおむつ交換，睡眠導入時だけの関わりから，機嫌よく目覚めている乳児に声かけしたりあやしたりする機会が増え，乳児も養育者のあやしかけに笑って反応したり，甘え泣きをする等，情緒的な関係性が芽生え始めていく。

　また，1か月を過ぎる頃より乳児は家庭風呂に家族と一緒に入浴できるようになる。このように乳児は，その家族の一員として生活様式に慣れ親しんでいくことになる。

　さらに，乳児の首がすわることにより，ベビーカーや抱っこベルト等を使用して，養育者と共に一日1回程度のペースで外出をするようにもなる。これは乳児の外気浴と運動を兼ねており，また養育者も家庭の外に出て地域の環境に触れることで気分転換にもなっていると考えられる。外出先としては，近所を中心にした公園や商店等で外出の所要時間は1時間程度である。生活の行動範囲が広がると同時に，母子共に一日の生活にリズムがつき始める頃であり，母子相互の関わり方にも，それぞれの個性や特徴が形成し始める時期である。

　家庭で暮らす乳児の育ちと養育行動は，その連続性の中で常に変化しており，同様に養育における配慮やポイントも移り変わっていくことがわかる。

　この時期は，乳児と養育者との間に親密性がもたれ，愛着*3が形成されていく初期段階にあたる。

＊3　愛　着
乳児期の赤ちゃんや幼児期の子どもが，身近にいて育児をする人との間に築く情緒的な結びつき。
　ジョン ボウルビィ『ボウルビィ母子関係入門』星和書店，1981.

2　子どもと家庭を取り巻く環境

　近年では，子どもと家庭を取り巻く環境は，時代とともに大きく変化している。また，核家族化の進展や地域とのつながりの希薄化から，日々の子育てに対する助言や協力を得ることが困難な状況や，兄弟姉妹の減少から，養育者が乳幼児と触れ合う経験が乏しいまま親になることも増えてきている。さらに，就労の有無や状況にかかわらず，子育ての負担や不安，孤立感が高まっている。

（1）保育所の役割

> イ　保育所は，その目的を達成するために，保育に関する専門性を有する職員が，家庭との緊密な連携の下に，子どもの状況や発達過程を踏まえ，保育所における環境を通して，養護及び教育を一体的に行うことを特性としている。
>
> （保育所保育指針 第1章総則 1保育所保育に関する基本原則）

　ここから読み取れる保育所の役割としては，「専門性を有する職員[*4]」が，それぞれの有する専門性を発揮して，保育に当たらなければならないということである。

[*4]　施設長，保育士，看護師，栄養士，調理員等を指す。

　また，養護と教育を一体的に行うことが重要であるとしている。保育における「養護」とは子どもが心身ともに心地よいと感じる環境を整え，子ども自身が主体的に育つことを助ける営みであり，「教育」は，知識を伝える・教えることだけでなく，「感じる・探る・気づく」といった子どもの興味・関心を引き出すことである。

　これらから，一人一人の心身の状態や家庭生活の状況等を踏まえて，健やかな育ちを支え，促していくことに保育所の特性があるいえる。

> ウ　保育所は，入所する子どもを保育するとともに，家庭や地域の様々な社会資源との連携を図りながら，入所する子どもの保護者に対する支援及び地域の子育て家庭に対する支援等を行う役割を担うものである。
>
> （保育所保育指針 第1章総則 1保育所保育に関する基本原則）

　保育所に入所する子どもの保護者に対する支援及び地域における子育て支援については，特に，保育所の特性を生かした支援，子どもの成長の喜びの共有，保護者の養育力の向上に結びつく支援，地域の資源の活用等，保護者に対する支援の基本となる事項を明確にしている。

（2）子育て支援の取り組み

　保育所の主要な活動は，親の就労形態に合わせ，子どもを預かり，保育士が子どもの発育・発達を後押しながら見守ることである。また，様々な子育て支援の取り組みも展開している。今日，少子化・核家族化が進行し，近隣とのコミュニケーションがとりづらい社会情勢にあって，子育て中の保護者は不安や悩みを抱え，孤立する傾向にある。そこで，保育士は，在園児だけでなく，地域全体の子どもと保護者への子育ての支援が求められている。

　「専門性を有する職員」が，それぞれの有する専門性を発揮して，保育に当たり，子どもと触れ合うことで，保護者も子どものこれからの発育・発達を落ち着いてみることもできるのである。

3　乳児保育の課題

　我が国では少子化が進んでいる一方で，保育所等への入所を希望しているが入所できない，いわゆる待機児童の存在が問題になっている。

　厚生労働省によると，2017（平成29）年4月1日現在の待機児童は，2万6,081人となっている（図1-1）。そのうち，首都圏（埼玉・千葉・東京・神奈川），近畿圏（京都・大阪・兵庫）の7都府県（政令指定都市・中核市を含む）とそ

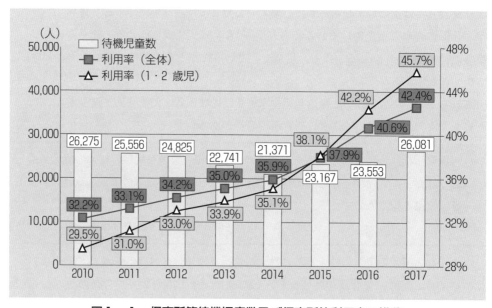

図1-1　保育所等待機児童数及び保育所等利用率の推移

出典）厚生労働省『保育所等関連状況取りまとめ』2017.

の他の政令指定都市・中核市の合計が１万8,799人となり，全待機児童数の72.1％を占めている。このことから，都市部では待機児童の問題が深刻な事態になっていることがわかる。

（1）少子化対策や待機児童解消に向けた取り組み

1.57ショック以降，我が国では様々な子育て支援対策が行われてきた（図１－２）。1994（平成６）年に子育てと仕事の両立支援を主な目的とした「エンゼルプラン」が策定され，その具体化として，多様な保育サービスの充実を図るために「緊急保育対策等５か年事業」が実施された。1999（平成11）年には保育サービスや子育て支援サービスの充実だけではなく，雇用環境の整備や母子保健医療体制の整備等も加えた「新エンゼルプラン」が策定され，2001（平成13）年には「仕事と子育ての両立支援等の方針」が閣議決定され，「待機児童ゼロ作戦」等が実施された。

2002（平成14）年に，「男性を含めた働き方の見直し」「地域における子育て支援」等の柱に沿った対策を総合的かつ計画的に推進する「少子化対策プラスワン」，翌年には「次世代育成支援対策推進法」と「少子化社会対策基本法」が制定された。そして，2004（平成16）年に少子化社会対策基本法に基づいた「少子化社会対策大綱」が閣議決定され，この大綱に盛り込まれた施策の実施計画として「子ども・子育て応援プラン」が策定される。このように様々な対策が行われたが，少子化の流れは止まらず，2005（平成17）年に合計特殊出生率が過去最低（1.26）を記録する。なお，2008（平成20）年には，希望するすべての人が子どもを預けて働くことができるためのサービスの受け皿を確保することを目標とした「新待機児童ゼロ作戦」が発表される。

2010（平成22）年には「少子化社会対策大綱」を見直した「子ども・子育てビジョン」が閣議決定される。「子ども・子育てビジョン」では，社会全体で子育てを支え，一人一人の希望がかなえられる社会の実現を基本的な考えとし，「目指すべき社会への政策４本柱と12の主要施策」が示された。また同年には，「子ども・子育て新システム検討会議」において，次世代育成支援のための新たな包括的・一元的なシステムの構築について検討が始まり，2012（平成24）年に「子ども・子育て関連３法[*6]」が成立し，2015（平成27）年度から「子ども・子育て支援新制度」が実施されている。

なお，2013（平成25）年には，都市部を中心に深刻な問題となっている待機児童の解消の取り組みを加速化させるため「待機児童解消加速化プラン」が策定され，2015（平成27）年には，新たな「少子化社会対策大綱」が閣議決定された。① 子育て支援施策の一層の充実，② 若い年齢での結婚・出産希望の実

＊6　子ども・子育て関連３法

「子ども・子育て支援法」「就学前の子どもに関する教育，保育等の総合的な提供の推進に関する法律の一部を改正する法律」「子ども・子育て支援法及び就学前の子どもに関する教育，保育等の総合的な提供の推進に関する法律の一部を改正する法律の施行に伴う関係法律の整備等に関する法律」のことをいう。

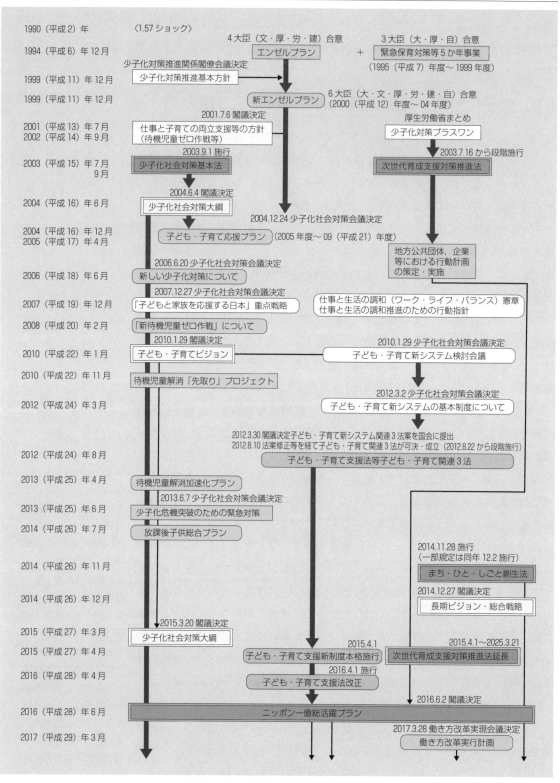

図1－2 子育て支援対策の経緯

出典）内閣府『平成29年版 少子化社会対策白書』2017，p.47.

現，③ 多子世帯へ一層の配慮，④ 男女の働き方改革，⑤ 地域の実情に即した取組強化の5つを重点課題とし，2019年度末までに推進する施策とその数値目標が示されている。

（2）保育所保育指針の改定の経緯

保育所保育指針（以下，保育指針）は，1965（昭和40）年に保育所における保育内容の基本原則として制定されたものであり，保育所における保育の内容に関する事項と，その他関連する運営に関する事項が定められている。

この基本原則に沿いながら，保育所の実情や地域性等に応じて，創意工夫を図り，1965（昭和40）年の制定後，25年間保育指針の改定は行われなかったが，その間に地域社会や家庭のあり方が大きく変わり，子どもたちが生活の中で，十分に育つということが難しい状況になってきた。そこで，保育指針，幼稚園教育要領（以下，教育要領）共にそれまでの目標，方法を大きく変更したのが1990（平成2）年，そして，2000（平成12）年，2008（平成20）年と改定（訂）をし，2017（平成29）年には，社会情勢の変化を受けて，① 乳児，1歳以上3歳未満児の保育に関する記載の充実，② 保育所保育における幼児教育の積極的な位置づけ，③ 子どもの育ちをめぐる環境の変化を踏まえた健康及び安全の記載の見直し，④ 保護者・家庭及び地域と連携した子育て支援の必要性，⑤ 職員の資質・専門性の向上，という指針の改定の方向性に沿った見直しが図られた[2]。

2)　全国社会福祉協議会「保育の友」特集2017年5月号.

4 保育所保育指針からみる乳児保育

乳児保育の課題として，少子化対策や待機児童解消に向けての取り組みについて述べてきたが，核家族化や地域社会における養育力の低下による，子育て世帯の不安や孤立感の高まり等，子どもの育ちや保育を取り巻く状況も大きく変化している。それにともない，保育施設に求められる支援機能は多様化・複雑化しており，保育者には，子育て支援をはじめとする幅広い専門性を活かした役割の発揮が一層求められている。

このような社会状況の変化を踏まえ，2017（平成29）年度に保育指針が10年ぶりに改定され，あわせて幼保連携型認定こども園教育・保育要領（以下，教育・保育要領）も整合性を図って告示された。

（1）保育所保育指針の注目すべき点

2017（平成29）年改定で注目すべき点としては，第1に保育指針の構成が

2008（平成20）年版の 7 章立てから，「第 1 章 総則」「第 2 章 保育の内容」「第 3 章 健康及び安全」「第 4 章 子育支援」「第 5 章 職員の資質向上」の 5 章立てに変更されたことである。

　第 2 は，2008（平成20）年版改定では，保育指針の法定化・大綱化がなされたことにより 7 章立てになったため，「保育の内容」の章は，年齢区分ごとの記述がなくなり，幼稚園の 5 領域の記述を採用したものになった。その結果，3 歳未満児の記述が 3 歳以上児に比べて薄くなったという問題が出てきた。そのため2017（平成29）年の保育指針は，教育要領により近づけるために 5 章構成となったが，「第 2 章 保育の内容」において，「1．乳児保育に関わるねらい及び内容」「2．1 歳以上 3 歳未満児の保育に関わるねらい及び内容」「3．3 歳以上児の保育に関わるねらい及び内容」に項目分けして，乳児から 2 歳児までの保育のあり方を重要視して，保育に関する記載の充実を図ろうとしている点である。

　第 3 として，「第 3 章 健康及び安全」において，東日本大震災を経て，安全に対する社会的意識が高まっていることを受け，「4 災害への備え」の項目を設け，以前よりもより具体的な内容を明記している点があげられる。

（2）乳児保育に関わるねらいや内容

　乳児保育に関わるねらいや内容については，大きく 2 つの視点から取り上げられている。1 つ目は，基本的信頼感の形成の視点である。これは，乳幼児期における子どもの発達において，重視すべき課題[3]として，愛着の形成が重要であることの再確認である。

　2 つ目は，乳幼児期を学びの芽生えの時期ととらえる点である。つまり，教育の視点の明確化である。

　乳児期から，子どもは，生活や遊びの様々な場面で，主体的に周囲の人や物に興味をもち，直接関わっていこうとする。このような姿は「学びの芽生え」といえるものであり，生涯の学びの出発点にも結びつくものである。

　0 歳児の 5 領域につながっていくイメージとしては，まだ言葉で自分の気持ちを発することができない時期のため，0 歳児には 3 つの視点が提案された。

　すなわち，乳児保育については，生活や遊びが充実することを通して，子どもたちの身体的・精神的・社会的発達の基盤を培うという基本的な考え方を踏まえ，子どもを主体に，「身近な人と気持ちが通じ合う」「身近なものと関わり感性が育つ」「健やかに伸び伸びと育つ」という視点から，保育の内容等を記載し，保育現場で取り組みやすいものとなるよう整理されている。

　2017（平成29）年の保育指針の改定では，「教育[*7]」という言葉を正しく理解

3）　文部科学省『子どもの徳育の充実に向けた在り方について（報告）』2009.

＊7　ここでの教育とは子どもの育ちや保育のことである。

10

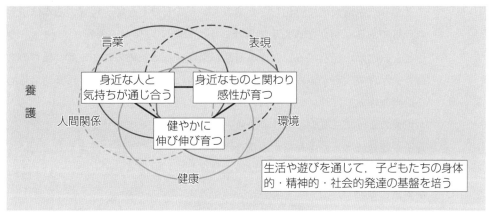

図1-3　0歳児の保育内容の記載のイメージ

出典）社会保障審議会児童部会保育専門委員会『保育所保育指針の改定に関する議論のとりまとめ』2016.

することが大事である。心の育ちに教育的営みが深く関わっているということ，その心が育つためには，自ら生きる力，あるいは，そのベースとなる，自分は存在価値があるという自己肯定できる力，人に共感する力，支え合う力，そうした力を育む過程の中に教育の要素があり，特に，乳児期はそのような力を形成する重要な時期である。

（3）全体的な計画の作成

　2008（平成20）年版の保育指針第4章「保育の計画及び評価」に記されていた保育計画は，教育・保育要領に合わせ，総則に移行された。また，保育課程の編成については，教育要領，教育・保育要領との整合性を図り，総則において，以下のように「全体的な計画の作成」とされている。

> ア　保育所は，1の（2）に示した保育の目標を達成するために，各保育所の保育の方針や目標に基づき，子どもの発達過程を踏まえて，保育の内容が組織的・計画的に構成され，保育所の生活の全体を通して，総合的に展開されるよう，全体的な計画を作成しなければならない。
> イ　全体的な計画は，子どもや家庭の状況，地域の実態，保育時間などを考慮し，子どもの育ちに関する長期的見通しをもって適切に作成されなければならない。
>
> 　　　　（保育所保育指針 第1章総則 3 保育の計画及び評価（1）全体的な計画の作成）

　まず，「全体的な計画の作成」になったということは，保育課程の編成がなくなったということではない。作成にあたっては保育所の生活の全体を通して，総合的に展開されるよう，全体的な計画を作成しなければならないことが求められている。すなわち，指導計画は部分的な時間だけを意識して作成する

ことでも，生活習慣に特化して立てるということでもない。保育の基本は子ども理解である。何ができたかできないかではなく，保育の過程（プロセス）や子どもの内面を理解するという専門性が保育者には求められている。保育の進め方や保育の内容が組織的・計画的に構成され，総合的に展開される「全体的な計画の作成」について十分に理解することが必要である。

　以上のように，乳児から3歳未満児までの発達は，家庭で養育する場合，保育所や認定こども園を利用する場合においても，この時期に発達が飛躍的に進むことを考えると，それぞれの発達過程に応じた支援の充実を図っていくことが望まれる。

　保育者は，家庭における養護が，子どもにとっていかに重要な意味をもつものであるかをしっかり認識し，家庭における保護者（親）と子どもの生活が円滑に進んでいくことに配慮する必要がある。

●ふりかえりシート

課題1：保育所保育指針は，5章構成となったが，それぞれのねらい及び内容の充実している点をまとめてみよう。

課題2：乳児期に身につけさせることが重要なことをまとめてみよう。

課題3：保育所の役割についてあなたの考えを書いてみよう。

コラム　保育議論から考える保育の社会的意義

　我が国の年間の出生数は，1947（昭和22）～1949（昭和24）年の第1次ベビーブーム期には約270万人，1971（昭和46）～1974（昭和49）年の第2次ベビーブーム期には約210万人となっていましたが，その後は減少傾向にあり，2016（平成28）年は97万6,978人とベビーブーム期の半分以下の出生数になっています。また，合計特殊出生率をみると，第1次ベビーブーム期には4.3を超えていた値が1950（昭和25）年以降急激に低下し，1989（平成元）年にはそれまでの最低であった1966（昭和41）年の数値を下回る1.57となりました（いわゆる「1.57ショック」）。その後，2005（平成17）年には過去最低の1.26まで落ち込みましたが，2016（平成28）年は1.44となっています。さらに，内閣府の試算によれば，日本の総人口は2060年には8,674万人と2016（平成28）年の1億2,699万人の68％まで落ち込むとされ，少子化が将来の社会構造の存立基盤を揺るがすような問題になっているのです。

　そのような中，2016（平成28）年2月に「保育園落ちた…」の匿名ブログが話題になり，3月には国会前で待機児童問題のデモも実施されました。これらの出来事は，待機児童問題に一石を投じ，世論に押されるように，政府は同年3月に緊急対策を発表しましたが，その内容は規制緩和により保育の量の拡充を図ろうとするものであり，質の低下が懸念されるものでした。また，保育所の新設に近隣住民が反対する事例も報道されており，反対理由の一つには「子どもの声をめぐるトラブル」があると報じられていました。保育士不足問題に関しては，保育士の処遇の問題も議論になり，わずかながらの給与増額の動きもみられました。これらの議論が巻き起こったことにより，世間一般の人々が保育に関心をもつきっかけとなったともいえるでしょう。

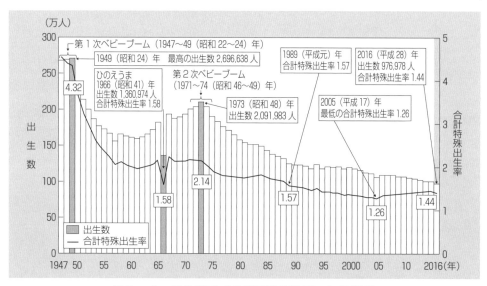

図1－4　出生数及び合計特殊出生率の年次推移

出典）厚生労働省『人口動態統計』2016.

第2章 乳児保育の基本

乳児保育は日本社会の歴史的変遷とともにその姿を変えてきた。乳児保育の理念を考えるためには，この背後に横たわる社会の動き，文化的価値観について理解することが不可欠である。この章では，社会とともにあるものとして乳児保育をとらえる視点を獲得し，未来の乳児保育をデザインするための考えを深めていく。

1 乳児保育の理念と歴史的変遷

乳児保育を考える際に常に問われることが，「3歳未満の子どもは家庭で育てるのが最善なのではないか」という根本的な問題である。生後間もない乳児が家庭から離れ，集団生活を送ることに対して「かわいそう」という反応が返ってくることは今でも稀ではない。しかし，歴史を振り返ってみれば，「子ども」という存在に対する価値観の変化とともに，子育てのあり方そのものも変わってきたことがわかる。近代より前は多産多死の社会であり，子育ては地域共同体の中で多様な大人たちとの関わりの中で営まれていた。近代以降は核家族化が進行する中で，子育ての主たる担い手が母親に限定される傾向にあったが，それは経済成長を支えるためのひとつの方法として政治的に選択された子育てのあり方であった。そして平成期以降は，社会全体が子育てに対する責任を負うという時代を迎えている。しかしながらこれも，少子高齢化によって変化していく社会を支えるためのひとつの方策にすぎない。今後社会のあり方が変わっていけば，乳児保育の意義もそれにともなって変化していくことだろう。

この章では，社会の動きを追いながら乳児保育のあり方を理解していく。歴史に立ち戻りそこから学ぶことで「今」を知り，未来のあるべき乳児保育について考えを深めていく。

（1）乳児保育の歴史と社会における役割

1）救貧事業としての乳児保育

　家族親族以外の人々の手による生後間もない乳児の養育は，古来よりあらゆる階層において行われてきた。また，地域共同体の結びつきが強固であった時代は，子育てには様々な大人が関わるのが当然であった。しかしながらこういった共助的風土における子育てにおいては，困窮や病弱等で苦しむ子どもを救う公的（国や自治体が主体となる）な社会システムは存在しなかった。子捨て・子殺しはありふれた出来事でもあった[1]。そのような中，見捨てられる子どもに救いの手を差し伸べたのは，もっぱら，慈善家や宗教的背景をもった善意の人々であった。最も古い救貧事業の一つとして，奈良・平安時代の悲田院が知られているが，これは仏教の慈悲思想に基づいて身寄りのない貧窮者・病人・孤児等を収容した慈善救護施設であった。また，江戸時代末期に生きた社会思想家佐藤信淵は，著書『垂統秘録』において理想的な国家建設のための様々な社会事業を構想する中で，出生から4，5歳までの貧民の子どもを楽しく遊ばせ養育する公的な場として「慈育館」を構想したが，実現はしなかった。

　明治期に学校制度が確立し，庶民を対象にした教育が広まっていくと，各地に「子守学校[*1]」が設立された。これは，当時年少の弟妹や奉公先の赤子の子守を担っていた貧家の子女のための私塾で，教室とは別に託児室が設けられていた。新潟において赤沢鍾美がひらいた私塾「新潟静修学校」〔1890（明治23）年〕には，幼い子どもを背負ってくる子女が多く通っていたが，妻のナカがそれらの子どもを別室で保育するようになり，託児所が生まれた。1908（明治41）年にはこの名称を「守孤扶独幼稚児保護会」とし，本格的な保育が始まった。これが日本における保育事業の始まりとされている。岡山ではキリスト者であった石井十次が，1887（明治20）年に岡山孤児院を創設する。孤児救済に生涯を捧げた石井は，大地震や飢饉で全国各地に生まれた孤児たちを一手に引き取ったため，一時は児童数が1,000名を超えることもあった。その後，1909（明治42）年には大阪の貧民街に愛染橋保育所を開設し，児童福祉の黎明期に先駆的役割を果たした。

　農繁期の託児所（季節保育所），預り所以外の常設の保育所の誕生は，1900（明治33）年に開設された東京の二葉慈善幼稚園とされている。これは，若きクリスチャンであった野口幽香，森島峰らによる，スラムに住む貧児を対象にした施設であった。これはその後1916（大正5）年に二葉保育園と改称された。

　明治期は紡績工業中心の軽工業が発展した。軽工業では女性の労働力の需要が多かったため，工場付設託児所が各地に設けられた。1894（明治27年），東京

1）田嶋一『子どもの発達と教育2』岩波書店，1979，pp.2-4.

*1　子守学校における保育

　渡辺嘉重が著した『子守教育法』〔1884（明治17）年〕では，小学校の教場（教室）の隣に遊戯室と鎮静室（睡眠のための部屋）が置かれ，遊具・空気・光線及び温度等の項目の中で保育への環境的配慮が説かれている。

深川にあった大日本紡績株式会社の工場内に設置された託児所が最初とされている。第一次大戦後に都市部における貧民問題が大きくなると，国や地方自治体が託児事業に力を入れ始め，1919（大正8）年の大阪市をはじめ，1920（大正9）年には京都市，1921（大正10）年には東京市で最初の公立託児所が設けられた。昭和に入り，戦争のため男性が軍隊や工場に駆り出され，女性が働かざるをえなくなると，さらに託児所は急増した（戦時託児所）。このように，第二次世界大戦以前の託児所は，社会の底辺に生活する女性と子どもの救貧事業であり，経済発展と戦時国家を間接的に支えるための周辺的な施設としての性格が色濃かった。また，幼稚園が学制の中で早々に公的な位置づけを得ていたのに対し，託児所[*2]に対しては法的整備は行われず[*3]，乳児期の集団生活の内容について公的な関心が払われることもなかった[*4]。このような中，1936（昭和11）年に社会主義者城戸幡太郎を中心に結成された保育問題研究会は，「協同社会」を建設しうる「生活力」のある子どもの育成を目指し，実践者と研究者が共同で保育の実際問題に当たろうとした。

2) 子育ては家庭の責任

戦後の民主化改革の一環として1947（昭和22）年に児童福祉法が制定され，ようやく保育所は児童福祉施設として公的な法制度の中に正式に組み込まれる。児童福祉法における保育所は，当初から0歳児保育を視野に入れた施設として構想されていたが，実際には0歳児，そして1・2歳児の保育所利用は例外的なものとしてその利用はきわめて低い状況だった[2]。なぜならその当時は「母性神話[*5]」や「3歳児神話[*6]」が根強く，生後間もない乳児を集団生活において保育することへの批判や抵抗が，社会全般の風潮として強力だったからである。1963（昭和38）年「保育問題をこう考える」において，厚生省中央児童福祉審議会は，乳児の養育は家庭責任による自助でなされるべきであり，特に母親に育児の第一義的責任があると主張しており，乳児保育に対する国家の消極的な姿勢がうかがえる。しかしながらそのような中でも乳児保育を切実に必要とする人々は一定数存在し，彼ら自身の手による共同保育の取り組みが各地に広まった。また，高度経済成長を支える労働力の需要増大，核家族化，女性の社会参画意識の向上等を背景に，乳児保育に対するニーズは増加の一途を辿る。社会の変化を追いかけるように，1969（昭和44）年，厚生省は「乳児保育特別対策」を開始，1970（昭和45）年には保母養成カリキュラムが改正され，科目「乳児保育」が新設される等，徐々に制度的整備が進んでいく。その後，都市部を中心に乳児保育への需要が高まる中，1998（平成10）年にようやく乳児保育は特別保育事業ではなく，すべての保育所において通常保育として実施

*2 **保育所の呼称**
戦前においては，保育所・託児所・保育園の呼称が統一されず使用されていた。

*3 唯一公的に登場するのが，内務省の治安対策の一環として保育事業が位置づけられた1908（明治41）年である。これは，日露戦争後の格差と混乱が広がる社会不安の緩和剤として，救済事業への助成金を与えたものであるが，一方で治安維持の弾圧も行われた。
日本保育学会『日本幼児保育史』フレーベル館，1968.

*4 実践現場における保育内容は，もっぱら幼稚園の手法を踏襲していた。

2) 岡田正章他編『戦後保育史 第2巻』日本図書センター，2010, pp.216-217.

*5 **母性神話**
女性は生得的に子どもを愛し育てる能力や資質を備えているとする考え方。近年では母性は後天的に経験を通して形成されるものであるとの考えが優勢となっている。
大日向雅美『母性の研究』川島書店，1988.

されるようになり，現在に至っている。

3）少子化の背景

　都市化・核家族化の急速な進行は，地域や家庭が本来もっていた子育て・子育ち機能を弱体化させた。かつて子どもは，地域共同体における様々な人々との関わりのなかで育つものであり，保護され養育されるだけという受け身の存在ではなかった。しかし，親と子二世代のみで構成される核家族化が進むと，家庭は共同体から切り離され，孤立した空間となっていく。そのような中で子育ての責任を一手に負っていくのが母親であった。

　男性は仕事，女性は家庭で子育てという性別役割分業がますます強固になっていく背景として，イギリスのボウルビィ＊7が主張した愛着理論の普及があった。第二次世界大戦後，ボウルビィは幼少期の母親との愛着関係の剥奪や阻害がその後の発育・発達にもたらす負の影響を主張し，これが日本でも，「母性神話」「3歳児神話」に対する理論的根拠として参照されたのである。これらの社会通念は，仕事をもち，働くことに対する女性たち自身の罪悪感を強め，結果として大多数の女性が出産と同時に離職していった。しかし一昔前とは異なり，近親縁者や地域からサポートを得られない中で行う孤独な子育てが，母親の心身への負担を増していった。子育ての責任が母親に集中する中，育児不安を訴えたり，育児ノイローゼに陥ったりする母親が増加していく[3]。また，M字型の就労曲線＊8は，社会における自己実現を望む意欲ある女性の社会進出を阻み，結果的には社会全体における労働力不足と経済成長に対するブレーキになっていく（図2-1）。

　高度経済成長期が終焉し，低成長の時代になると，男性一人で生計を維持するモデルも成り立たなくなった。仕事か家庭かの二者択一の苦しい選択を女性に強いる社会情勢において，子どもの産み控えやDINKS＊9，晩婚化＊10という動きが生まれ，少子化が進んだ。

4）社会全体で子育てを

　これまでの政府の少子化への取り組みについては，第1章〔3（1）少子化対策や待機児童解消に向けた取り組み，p.7〕を参照してほしい。

　2015（平成27）年に政府は，「一億総活躍社会」を掲げ，希望出生率を1.8と定める中で，「若者も高齢者も，女性も男性も，難病や障害のある方々も，一度失敗を経験した人も，（略）一人ひとりが，個性と多様性を尊重され，家庭で，地域で，職場で，それぞれの希望が叶い，それぞれの能力を発揮でき，それぞれが生きがいを感じることができる社会を創る[4]」として，経済・社会保

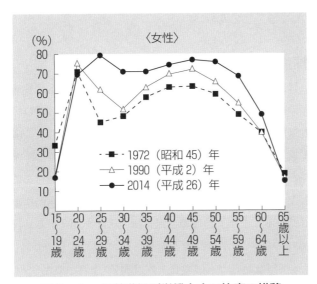

図2-1　年齢階級別労働力人口比率の推移

出典）総務省統計局『労働力調査年報』2015.

が29.2歳である。ほぼ
30年間で夫は3.0歳，
妻は4.0歳，平均初婚
年齢が上昇しているこ
とになる。

4)　一億総活躍国民会
議『一億総活躍社会の
実現に向けて緊急に実
施すべき対策－成長と
分配の好循環の形成に
向けて―』2015.

障と並んだ「三本の矢」の一つに子育て支援を据えた。

　2016（平成28）年の合計特殊出生率は1.44であり，10年前よりは増加してい
るが，いまだ低い水準のままとどまっている。日本に先んじて少子化の問題に
直面した欧米では，合計特殊出生率がいったん下落した後に大幅に回復した国
もある。子育てに対する社会的サポートは先進各国に共通の課題であるが，そ
の施策は各国それぞれの歴史的経緯，文化的価値観に応じて多種多様である[5]。
諸外国の政策に学びながら，現代の日本の事情を的確にとらえ，新たな時代の
子育て支援の方策を探っていく努力が求められる。

5)　汐見稔幸編著『世
界に学ぼう！子育て支
援』フレーベル，2003.

（2）乳児保育の理念

　乳児保育は長らく，その積極的な意義を問われてこなかった。すなわち，個
人の側面からいえば働く女性の社会進出と自己実現を支えるために必要な制度
として，また，経済の側面からいえば女性の労働力の確保による経済成長を実
現するための方策として乳児保育が求められたのであり，乳児保育それ自体に
価値が置かれていたのではなかった。また，先駆者たちの私的な献身として行
われてきた初期の乳児保育においては，家庭に代わって子どもを安全・健康に
保護・養育することこそが目指されていた。そこには，乳児期からの集団生活
としての保育が子どもにとってどのような経験であるべきかという視点は，入
る余地がなかった。なお，公的なガイドラインとしての保育所保育指針（以下，
保育指針とする）の改定の経緯については，第1章〔3（2）保育所保育指針の改

定の経緯，p.9〕を参照してほしい。

1）保育指針における保育の基本

　保育指針とは，全ての子どもの最善の利益を図り，子どもの健康や安全の確保，発達の保障等の観点から定められた全国共通の保育の枠組みである。保育所保育は，本来的にはその置かれた地域や家庭の状況に応じて，各保育所が独自性と創意工夫をもって実施していくものである。その一方で，全ての子どもの最善の利益という観点から，一定の保育の水準を保ち，さらなる保育の質の向上の基点となるよう，全ての保育所が拠るべき保育の基本的事項を保育指針において定めている。また，幼稚園と保育所の機能を統合する幼保一元化の流れの中で2006（平成18）年から設置が始まった認定こども園では，2014（平成26）年に幼保連携型認定こども園教育・保育要領（以下，教育・保育要領とする）が策定されている。認定こども園では，0歳から小学校就学前までの一貫した教育及び保育を，子どもの一日の生活の連続性と多様性に配慮しつつ展開していくものとされている。その中で3歳未満児に関しては，保育指針との整合性が図られている。ここでは，保育指針及び教育・保育要領を貫く基本原則である，① 子どもの最善の利益，② 環境を通した保育，③ 養護と教育の一体的展開について解説する。

　① 子どもの最善の利益：保育所は，「入所する子どもの最善の利益を考慮し，その福祉を積極的に増進することに最もふさわしい生活の場でなければならない[6]」と規定されている。これは，子どもにとって最善の利益を守り，子どもたちを心身ともに健やかに育てる責任が保育所にあることを明示している。したがって，保護者を含む大人の利益を優先したり，子どもの人権をないがしろにしたりすることのないよう，保育所は常に留意し日々の保育に当たらなければならない（第9章，p.124を参照）。

　② 環境を通した保育：保育所における保育の基本は，環境を通して行うという点にある。保育の環境とは，保育士や子ども等の人的環境，設備や遊具等の物的環境，そして自然や社会の事象である。子どもは環境との相互作用によって発育・発達していくという視点を基に，「子ども自らが環境に関わり，自発的に活動し，様々な経験を積んでいくことができる[7]」魅力ある応答的な環境を準備する必要がある。

　③ 養護と教育の一体的展開：保育における養護とは，「子どもの生命の保持及び情緒の安定を図るために保育士等が行う援助や関わり[8]」であり，保育所保育においては，養護と教育は個別に扱われるべきものではなく，常に両方が一体となって展開されることが求められる。子どもの育ちは心と体が緊密につ

6）厚生労働省『保育所保育指針』〔第1章1（1）ア〕，2017.

7）厚生労働省『保育所保育指針』〔第1章4（1）イ〕，2017.

8）厚生労働省『保育所保育指針』〔第1章2（1）〕，2017.

ながりあって進んでいく。子どもの好奇心や向上心を高めていくためには，背後に安心して探索・追求できる確かな環境が必要となる。また，保育者（保育士，保育教諭をいう）が子ども一人一人の想いに共感し，応答し，温かく見守ることで，伸びよう，育とうとする子ども自身の力が育まれるのである。保育者は，養護と教育が決して切り離せないものであることに十分留意して，自らの保育を常に両側面からとらえる視点をもたなければならない。

2　現代における乳児保育の社会的役割

（1）保護者の就労を支える

1）深刻さを増す待機児童問題

　待機児童問題とその取り組みについては，第1章（3　乳児保育の課題，p.6）を参照してほしい。待機児童は親族や地域との人間関係が希薄な都市部及び住宅開発が急激に進んだ地域に特有の問題であり，農村部や地域の高齢化が進んだ住宅地等では，逆に少子化に伴う保育所の定員割れが起きている。希望通り保育所への入所がかなわないと，保護者は仕事への復帰が難しくなり離職を余儀なくされることもあるため，都市部での「保活*11」は保護者にとって死活問題である。「隠れ待機児童*12」を含めると待機児童数は現時点の3倍は存在するといわれている〔2017（平成29）年現在〕。

2）乳児保育のニーズの高まり

　保育所への入所がかなわなかった保護者の悲痛な声はSNS（ソーシャル・ネットワーキング・サービス）等を通じて広がり，自治体や政府に向けた抗議活動*13に発展した。中でも2016（平成28）年に起きた「保育園落ちた，日本死ね!!!」というブログ*14がもたらした一連の動きは，現代の日本で子育てをする当事者たちの困難や絶望と，行政側の現状認識との大きな溝を浮き彫りにした。保育所入所に伴う保護者のストレスと子どもに与える影響はますます大きくなっている。社会をあげての保育所整備が急がれると同時に，実際に保育所に通う子どもの最善の利益を追求するためのさらなる努力が必要である。

（2）乳幼児研究の進展と新たな乳児保育の位置づけ

　乳児保育に対する社会的ニーズの高まりを受け，保育指針は改定の度に乳児保育についての記載を充実させてきた。この背景には，3歳未満児の保育所利用率の上昇とともに，乳児期についての国際的な研究の進展がある。アメリカ

*11　保　活
　子どもを認可保育所に入所させるための活動。

*12　隠れ待機児童
（潜在的待機児童）
　認可外保育所を利用中，育休延長中，求職活動の中止期間等は待機児童の定義に入らないため，実際は認可保育所への入所を希望しているのに「待機していない」とみなされる。

*13　保育園一揆（ママ一揆）
　待機児童の保護者が自治体に対して抗議・陳情を行う活動。

*14　「保育園落ちた，日本死ね!!!」
　2016（平成28）年1月15日に匿名で投稿されたあるブログで，保育所入所選定に落ちた母親の怒りが激しい言葉で投稿された。ブログに共感した親たちがSNSで内容を拡散し，国会前でプラカードを掲げる等の活動を行ったため，メディアでも大きく取り上げられた。

*15　非認知能力（非認知スキル）

　IQやテスト等で測定できる学力・知力とは異なる力。社会情動的スキルとも呼ばれる。

9）ジェームズ　ヘックマン『幼児教育の経済学』東洋経済新報社，2015, pp.39-42.

*16　子どもの福祉と育ちを経済的観点からとらえる視点と，子どもの「今，ここ」を尊重する視点とが，必ずしも一致するとは限らないという点には，留意が必要である。

では1960年代にペリー就学前プロジェクトという大規模な縦断研究が行われ，3，4歳児における質の高い幼児教育がその後の成育にプラスの影響を与えるという成果が出された（p.38, コラム参照）。こうした結果を脳科学の知見と結びつけながら分析したのが，ノーベル経済学賞の受賞者でもあるヘックマンである。彼は，乳幼児期の教育に対する経済投資が自尊心や忍耐力，学習意欲や労働意欲等の非認知能力*15を高め，成人後の経済状態や生活の質を高めるとして，就学前教育への公的支援の重要性を主張している[9]。これらの研究は，経済的に恵まれない地域の子どもたちを対象にしたものであり，日本とは社会構造の異なる国における調査であるため，早急な一般化には慎重であるべきである。しかし，日本においても近年は二極化が進行し，多様な家庭環境の中で子どもが育っている現状がある。家庭環境が子どもに与える影響は大きい。次世代へ再生産される経済・教育機会の格差の連鎖を断ち切り，多様性を認め合う市民社会を形成するためにも，乳児保育の積極的な意義*16が今後ますます求められていくことになる。

●ふりかえりシート

課題1：3歳児神話が戦後の日本で強い影響力をもつようになった理由を考えてみよう。

課題2：現在の待機児童問題と保活（子どもを認可保育所に入所させるための活動）の現状について取り上げられている記事を，新聞などで調べてみよう。また，自分の住む自治体で同様の問題があるかどうか，調べてみよう。

課題3：乳児保育における担当制保育（p.24，コラム参照）の，メリットとデメリットをまとめてみよう。

コラム　担当制保育とは

　家庭から離れ，生まれて初めて集団生活に入る乳児にとって，保育所とは，そして保育者とはどのような存在でしょうか。一日も早く，子どもたちが安心して自分らしく過ごすことができる保育所生活が可能になるように，乳児担当保育者は様々な努力と工夫をしなければなりません。

　その一つとして注目されているのが，担当制保育です。担当制保育とは，主として対応する保育者を一人一人の乳児に対して決めておくという保育の方法です。例えば0歳児10人のクラスであれば保育者は4人配置されますが，乳児の側からみれば，その4人が代わる代わる登場するよりも，排泄や食事，睡眠，不安なとき等に関わってくれる保育者が「この人」と決まっている方が安心できるものです。また保育者にとっても，自分の担当の乳児が決まっている方が，その子の癖や情緒の状態，生活リズム等を把握しやすく，一人一人に合ったきめ細かい保育が可能になるのです。

　信頼関係の形成という観点からみるとメリットが多いように感じられる担当制保育ですが，調査によると，実際にこれを導入している保育所は全体の半数に届きません＊。これは，諸外国に比して長時間保育が特徴である日本の保育事情が大きな要因であると考えられるでしょう。3歳未満児保育における保育時間は，11時間から12時間が圧倒的に多くなっています（図2-2）。乳児の保育時間が保育者の勤務時間を大幅に超えてしまう現状では，導入には大きな困難があるといわざるをえません。

　とはいえ近年では，2人の保育者が少人数の子どものグループを担当するという「ゆるやかな担当制」を採用する等，試行錯誤と工

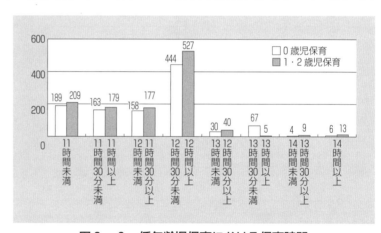

図2-2　低年齢児保育における保育時間

出典）日本保育協会『保育所における低年齢児の保育に関する調査報告書』2013，p.39.

夫を続けている園も増えています。保育者との出会いは，乳児にとって人に対する信頼関係の基礎をつくるものです。保育指針に「一人一人の子どもの生育歴の違いに留意しつつ，欲求を適切に満たし，特定の保育士が応答的に関わるように努めること」（下線筆者）とあるように，乳児にとって保育者が心の拠り所となり，それを基盤にして保育所生活の全体が豊かに充実していくためにも，担当制保育を追求していく努力が求められます。

　＊　日本保育協会『保育所における低年齢児の保育に関する調査報告書』2013，p.37.

第 3 章　乳児保育の制度と課題

　現在，待機児童への対策の中で３歳未満児の入所数が大幅に増えつつあること等，社会的事情からも３歳未満児の受け皿が保育所や認定こども園の他に，家庭的保育や小規模保育所等へと広がり，制度化された。

　保育において一人一人の子どもの心情を丹念に理解し，その気持ちに丁寧に応答するという共感的，応答的な保育が，特に０・１・２歳児の保育において重視されなければならない。生まれてからの３年間は学びの芽生えの時期であり，特に大切な時期であることを理解して保育にあたることが，より一層保育者（保育士，保育教諭をいう）に求められている。

1　認可保育所

（1）法的位置づけ

　保育所は児童福祉法第39条に「保育所は，保育を必要とする乳児・幼児を日々保護者の下から通わせて保育を行うことを目的とする施設（利用定員20人以上であるものに限り，幼保連携型認定こども園を除く）とする」と規定された児童福祉施設である。子ども・子育て支援新制度（以下，新制度とする）の施行後，保育所は施設型給付となり，公立保育所では利用者が保育所を選択し利用契約を保育所と結ぶ。しかし，児童福祉法第24条で保育の実施について市町村が必要な措置を講じることとされているため，私立の保育所については従来通り委託費が市町村から支払われ，市町村と保護者間の契約となる。そして利用児童の選考や保育料の徴収は当分の間，市町村が行うとしている。

（2）設備や運営の基準

　保育所の設備や運営については児童福祉法第45条で「都道府県は，児童福祉

＊1　この条例を「最
低基準」としている。

＊2　「等」は政令指
定都市，中核市を含む。

＊3　3歳児を15：1
で保育するためにかか
る人件費と配置基準通
りで保育する人件費の
差額が加えられる。

＊4　「健やかに伸び
伸び育つ」「身近な人
と気持ちが通じ合う」
「身近なものとかかわ
り感性が育つ」の3視
点。

＊5　2011（平成23）年
アレルギー疾患を有す
る子どもについての生
活や食事について具体
的な対応を組織的に取
り組みができるよう作
成された。

＊6　2009（平成21）年
に乳幼児期の特性を踏
まえた感染症対策の基
本を示すため作成さ
れ，2012（平成24）年
学校保健安全法施行規
則の一部改正等に伴い
改訂された。

＊7　2016（平成28）年
に事故の発生防止及び
事故発生時の対応等の
指針作成や具体的な取
り組み等のために作成
された。

施設の設備及び運営について，条例で基準を定めなければならない＊1」と規定
されている。都道府県等＊2は厚生労働省で定める「児童福祉施設の設備及び運
営に関する基準（以下，設備運営基準とする）」内の従うべき基準と参酌（適切
な処置をとる）すべき基準に従い，条例で最低基準を定めている。

従うべき基準は設備として乳児室，ほふく室，調理室等を設置すること，各
居室の広さ（表3-1），保育士の配置基準（表3-2）等である。

表3-1　各居室の広さ（乳児又は幼児一人につき）

	乳児室	ほふく室	保育室又は遊戯室	屋外遊戯場
乳児又は2歳に満たない幼児	1.65m^2	3.3m^2		
満2歳以上児			1.98m^2	3.3m^2

出典）厚生労働省『児童福祉施設の設備及び運営に関する基準』

表3-2　保育士の配置基準

年齢区分	児童：保育士
乳児（0歳児）	3：1
1歳児	6：1
2歳児	6：1
3歳児	20：1
4歳児以上児	30：1

出典）厚生労働省『児童福祉施設の設備及び運営に関する基準』

保育士の配置基準では，3歳児では15：1
で保育を行っている場合は国が加算＊3を実施
している。また各地方自治体で1歳児を5：
1とした場合は補助金を加算する等，最低基
準を上回る施策を行っている。

参酌すべき基準は屋外遊技場の設置，保育
時間，調理の外部委託等がある。

（3）保育の内容

2008（平成20）年に保育所保育指針（以下，保育指針とする）が改定・告示さ
れ，すべての保育所が遵守すべき基準として位置づけられた。その後，保育指
針は2017（平成29）年に改定され，乳児保育に関わるねらい及び内容について，
養護（生命の保持・情緒の安定）を基盤に発達の側面から3つの視点＊4としてま
とめ，3歳未満児の保育については幼児期と同様5つの領域で，育みたい資
質・能力を「ねらい」として示し，ねらいを達成するために指導する事項を
「内容」として具体的に盛り込まれている。

保育所における質の向上のための取り組みを支援する趣旨のもとに「保育所
におけるアレルギー対応ガイドライン＊5」「保育所における感染症対策ガイド
ライン＊6」「教育・保育施設等における事故防止及び事故発生時の対応のため
のガイドライン＊7」等が国より作成され，これらに基づいて保育が行われている。

（4）現状と課題

共稼ぎ家庭や核家族世帯の増加等にともなって保育所利用者数が増加し，都

市部では認可保育所へ入所できない待機児童が問題となっている。厚生労働省によると，2009（平成21）年から2014（平成26）年までに保育所の定員は約20万人増加した。その間に待機児童は2011（平成23）年は25,556人，2014（平成26）年には21,371人と減少した。しかし新制度施行後，保育所等[*8]の定員は2016（平成28）年には2014（平成26）年より約30万人増えたが，待機児童も23,553人と増加している。この待機児童のうち16,758人（71.1％）が1・2歳児である。1・2歳児の保育所利用率は，2009（平成21）年には28.5％であったものが2016（平成28）年には41.1％と上昇した。乳児保育の重要性が増大するとともに保育の質の担保が課題となっている。

　受け入れ枠の急増に伴い急激な保育士不足となり，保育士の処遇改善や離職保育士に対する再就職支援等の取り組みが始まった。

2　認定こども園

（1）成り立ちと法的位置づけ

　2006（平成18）年に教育・保育を一体的に行う施設として認定こども園が発足した[*9]。2015（平成27）年，新制度の中で，学校及び児童福祉施設として法的位置づけをもつ単一の施設として幼保連携型認定こども園が創設された。認定こども園は施設型給付で，運営には消費税を含む安定的な財源が確保された。

　認定こども園は2つの機能[*10]を備え（図3−1）基準を満たすことで，都道府県等から認定を受けることができる[*11]。地域の実情や保護者のニーズに応じて4つのタイプに分けられる（表3−3）。

（2）設備運営の基準や保育の内容

　内閣総理大臣，文部科学大臣，厚生労働大臣が定める「施設の設備及び運営に関する基準（以下設備運営基準とする）」に従い，または参酌して各都道府県等が条例を定めている。

　幼保連携型認定こども園は幼稚園教諭免許と保育士資格の併有した保育教諭[*12]を配置する。その他の認定こども園は3歳以上児の教育・保育には両免許の併有が望ましいが，幼稚園教諭免許か保育士資格のどちらかでも可能であり，3歳未満児の教育・保育には保育士資格が必要である。

　設備の基準として乳児室，ほふく室，調理室等を設置すること，各居室の広さ，保育教諭の配置基準等は保育所の基準と同様である（表3−1，表3−2）。

　保育の内容は幼保連携型認定こども園教育・保育要領（以下，教育・保育要領）

[*8]　こども園及び特定地域型保育事業を含む。

[*9]　2006（平成18）年6月「就学前の子どもに関する教育・保育等の総合的な提供の推進に関する法律（以下，認定こども園法とする）」が制定。同年8月「文部科学大臣と厚生労働大臣とが協議して定める施設の設備及び運営に関する基準」が告示された。

[*10]　就学前の子どもに教育・保育を提供する機能，地域における子育て支援を行う機能。

[*11]　「認定こども園法」に記載。

[*12]　幼保連携型認定こども園は学校としての教育と児童福祉施設としての保育を行うことから2つの資格が必要と規定されている（認定こども園法第15条）。

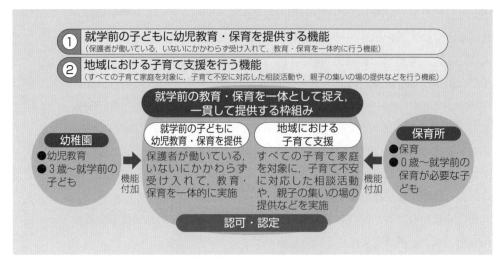

図3－1　認定こども園の機能

出典）内閣府ホームページ　http://www8.cao.go.jp/shoushi/kodomoen/gaiyou.html

表3－3　認定こども園のタイプ

種　類	機能と設置主体等
幼保連携型	・改正認定こども園法に基づく単一の認可施設として指導監督を一本化 ・設置主体は国，自治体，学校法人，社会福祉法人
幼稚園型	・認可幼稚園が保育所的な機能を備えて認定こども園としての機能をもつ ・設置主体は国，自治体，学校法人（法的には学校）
保育園型	・認可保育所が幼稚園的な機能を備えて認定こども園としての機能をもつ ・設置主体に制限なし
地方裁量型	・幼稚園・保育所いずれの認可もない地域の教育・保育施設が認定こども園として必要な機能をもつ ・設置主体に制限なし

を踏まえて実施する。教育・保育要領と幼稚園教育要領，保育指針は記述内容に整合性を確保している。

（3）現状と課題

*13　認定こども園の数は2015（平成27）年2,836園から2017（平成29）年5,081園と増加した。このうち幼保連携型こども園は1,930園から3,618園と増加した。

　新制度になり幼保連携型認定こども園は急速に増え*13，乳幼児の受け入れ枠は確実に増加したが，待機児童解消には至っていない。保育所や認定こども園を増やしても，子どもを預かってもらえるなら働きたいと考え，保育施設への入所を希望するという保護者の潜在需要が掘り起こされ，待機児童はなかなか解消されない状況である。

　また，保育の質の向上も待機児童の問題同様，今後の課題といえる。就学前の教育・保育の質が子どもにとって将来まで影響を与えることが近年の研究によって明らかになってきた。多様化したともいえる保育事業の中で保育の質を

どのように担保していくかは重要課題であろう。

３ 小規模保育

（1）小規模保育の制度

　小規模保育事業は，０・１・２歳児を対象とした定員が６人以上19人以下の少人数で行う保育施設である。従来の保育所の規模に満たない事業についても，保育の質を担保したうえで，地域の保育ニーズの受け皿として，新支援制度において，市町村認可事業として位置づけられたものである。このため，現行の認可外保育施設やへき地保育所，グループ型小規模保育事業等から幅広く認可事業に移行できるように，小規模保育は，保育に直接従事する職員を３つのタイプで運用できるように幅をもたせている。小規模保育の職員は保育士に限るＡ型，保育に従事する職員の半数以上を保育士とするＢ型，現行のグループ型小規模保育を前提とした研修修了者が行うＣ型の３つのタイプの事業種類がある。ただし，保育の質を担保する観点や，事業特性として小規模であることを踏まえ，保育所の保育士配置基準よりも手厚い人員配置が必要とされている（表３−４）。

表３−４　**家庭的保育事業等の設備及び運営に関する基準**（厚生労働省）**及び公定価格**

| | 家庭的保育 | 小規模保育 | | | 事業内保育 | 居宅訪問型保育 | 保育所 |
		A型	B型	C型			
職員数	0〜2歳 3:1	0歳 3:1 1・2歳 6:1+1	0歳 3:1 1・2歳 6:1+1	0〜2歳 3:1	定員19人以下はA・B型	0〜2歳 1:1	0歳 3:1 1・2歳 6:1
保育者	研修修了者	保育士	保育士 1/2以上	研修修了者	定員19人以下はA・B型	研修修了者	保育士
面積	1人3.3m²	乳児室／ほふく室 1人3.3m² 保育室 1人1.98m²	乳児室／ほふく室 1人3.3m² 保育室 1人1.98m²	1人3.3m²	定員19人以下はA・B型	—	3歳未満 自園調理
給食	外部搬入可	外部搬入可	外部搬入可	外部搬入可	外部搬入可	—	3歳未満 自園調理
公定価格（月額）	163,140円	定員13〜19人 200,640円	定員13〜19人 168,760円	定員11〜15人 141,410円	200,640円 or 168,760円	449,860円	定員90人 170,160円 定員20人 223,100円

注）公定価格は10/100地域（千葉市・京都市等）の保育標準時間認定・乳児における基本単価（2017年度）。

出典）全国保育団体連絡会・保育研究所『2017年版保育白書』ひとなる書房，2017，p.92.

写真3－1　おうちごっこ遊び

（2）小規模保育の実際

　小規模保育事業は，保育所の分園として広がりをみせるのではと期待されている。小規模保育は全て保育士が行う既設の保育所の敷地に新たに分園を作るケースと，保育所から近い場所に賃貸マンション等の一階を借りて行うといったケースが多い。小規模保育では，一人一人の子どもの特性に合わせた，きめ細かい保育が実現しやすく，個別に子どもに対応できる等がメリットとしてあげられる。また，乳児等の低年齢児が家庭的環境に近い場所で生活することは，長時間過ごす子どもにとっても，情緒の安定につながると考えられる。小規模保育は，低年齢児を中心に置いた保育である。

（3）小規模保育の課題

　小規模保育の特徴である異年齢の保育（6か月～3歳未満）は，養成校での学生の学びが深くない分野だと考えられる。0歳児～2歳児を対象とする授業「乳児保育」では，各年齢の発達について，個人差や月齢差が大きい時期であることを学んでいる。しかしながら，授業「乳児保育」では，小規模保育や以下に述べる家庭的保育に対応した，異年齢の保育内容には対応しきれていないのではないかと考えられる。その状況に対して，保育の現場では，どのように保育者を育てていくのかが課題となっている。また，財政上の問題として，ハード面での充実が難しいといった現状があげられる。小規模保育事業は都市部の待機児童対策等，地域特有の保育ニーズに対応できることを期待され実施に至ったものの，実施から1年が経過し，一部の事業主や保護者から，困難や不安が語られるようになった。その中でも対象年齢が0歳児～2歳児までとされており，その後の連続性をもった保育を市町村が必ずしも保障していないことに保護者が不安を抱えており，事業主もともに胸を痛めている現状がある。保護者のニーズに応えたいという気持ちと，施設環境や年齢定員の不安定さから，3歳児の発達過程や活動量に合わせた保育の質の保障の難しさに葛藤している様子がうかがえる[1]。

　また，大規模な公立保育所と同様の規定が適していない場合もある。具体例として，調理室のルール，検食量，仕入れ方法，食品保管方法等があげられている。給食の提供が難しい理由には，調理スペースや栄養士確保の問題があげられる。

　さらに，今後の小規模保育事業について，保健師等による巡回相談の有効な

1）佐藤和子・米倉裕希子・永井久美子「地域型保育事業の現状と課題」日本保育学会第70回大会，2017.

活用や市町村との定期的な話し合い・研修を重ねることで保育の質を上げ，地域の多くの人に小規模保育のよさを知ってもらい，少子化となっても事業が継続していけるようなサポート体制も必要になってくるだろう。小規模保育では職員の全体人数が少ないため，ひとりで多くの職務を担うことが多い。また常勤職員の欠勤や研修対応時にフォローできる人員（フリー担当の保育士等）の雇い入れが難しい等の現状がある。

4　家庭的保育

（1）家庭的保育の制度

　家庭的保育事業は，家庭的保育者の居宅やその他の場所（保育を受ける乳幼児の居宅を除く）で保育を提供する事業であり，一定の要件を満たすものとして市町村長が適当と認める場所で実施することができる。小規模保育の利用定員よりもさらに少ない5人以下で，職員として家庭的保育者は調理員と兼任することはできないこととなっている。市長村によっては，玄関，トイレ，台所等の設置基準が高いために，保育者の居宅での事業は難しいケースがある。また，生活スペースとの分離の問題や，家庭的保育者には保育士資格がなくても研修を終了した者が保育できるということもあり，従来は，家庭的保育事業に消極的な市町村もあった。家庭的保育事業が児童福祉法に位置づけられた2010（平成22）年に，その保育者は，家庭的保育者ないしその補助員とされた。その後，2015（平成27）年度から実施された制度でも，同様に位置づけられ，厚生労働省において，以下のように定められている。① 市町村長が行う研修または市町村長が指定する都道府県知事その他の機関が行う研修を修了した保育士，② 保育士と同等以上の知識及び経験を有すると市町村が認めた者，③ いずれも乳幼児の保育に専念できる者，である。また，保育士資格取得者を基本としているが，看護師，幼稚園教論のみならず資格をもたなくとも，認定研修を修了すれば，市長村長が家庭的保育者として適当と認めた者となる。また，2015（平成27）年からは，地域型保育事業の一環として給付の対象となった。家庭的保育は，子育て家庭への個別的な保育ニーズに対応する柔軟できめ細かな機能をもつものとして，見直されるようになってきた。

写真3－2　雨の日の散歩

（２）家庭的保育の実際

　家庭的保育では，子どもの家庭生活での生活習慣や環境の違いから（朝10時頃に眠くなる子どももいれば，泣いた後，寝てしまう子どももいる），様々な子どもへの対応が必要になるが，少人数であるため一人一人の生理的欲求の充足が保障されている。保育環境は，個々の子どもの好みや興味に配慮した細やかな工夫がなされているケースが多い。例えば個々の子どもの興味や関心を考えて遊具を配置する等の工夫である。情緒が安定している子どもを見守りつつ，不安定な子どもに寄り添い言葉をかけ，子どもが自ら安定していく姿を大切にしている。日課としての活動は，安全管理を重視した室内だけの保育にとどまらず，積極的に戸外へ出ることが多い。長時間室内で過ごす子どもにとって戸外での活動は，情緒の安定につながると考えられる。

（３）家庭的保育の課題

　子どもを中心にした保育を担う家庭的保育者にはどのような資質が問われるのか，保育士資格の有無も含めて考えていかなければならない。今後は，保育士資格をもった家庭的保育者かどうかが問われてくるだろう。家庭的保育・小規模保育も幼い子どもたちを中心とした保育形態の一つであることを，広く社会に認知してもらうことが急がれる。保護者からのニーズに対する課題としては，第三者がその様子をうかがうことができないといった密室性への懸念は拭い去れない。物理的な環境要因は課題としてあげられるが，そのような中であっても，個々の発達の度合いに合わせる保育を行い，質の保たれた保育を行っていくことが望まれる。家庭的保育の特徴である家庭的で個別的な保育が，それをすすめる上でメリットとなるように活かす保育環境を整えることが求められる。今後は保育形態を問わず，子どもが健全に発育・発達できる小さな地域コミュニティ*14を形成し，成熟させていくことが必要だろう。

＊14　地域コミュニティ
　子育て世代の相互支援や地域の相互扶助の場と仕組み作りを行い，様々な状況にある子どもたちがその居住する地域において，健やかに発育・発達できるコミュニティ。

5 乳児院

（１）乳児院の制度

　乳児院は，児童福祉法第37条に規定された児童福祉施設の１つである。

　乳児10人未満を入所させる乳児院の場合，「嘱託医，看護師，家庭支援専門相談員及び調理員又はこれに代わるべき者を置かなければならない」（児童福祉施設の設備及び運営に関する基準第22条），乳児10人以上の乳児院の場合，「医

師又は嘱託医，看護師，個別対応職員，家庭支援専門相談員，栄養士及び調理
員を置かなければならない。ただし調理業務の全部を委託する施設にあって
は，調理員を置かないことができる」（児童福祉施設の設備及び運営に関する基準
第21条）とされている。看護師に代わって，保育士または児童指導員を置くこ
ともでき*15，実際に多くの保育士が乳児院で働いている。入所対象となるの
は，何らかの事情により，家庭で生活できない乳児（必要のある場合は幼児を含
む）である。例えば，両親の死亡，行方不明，親の病気
等により親が養育できない子どもや，親による虐待が理
由により，家庭で養育することが不適切と認定された子
どもが入所している。乳児院が対象となる年齢は原則1
歳未満だが，実際は2・3歳までの子どもが入所してい
ることが多く，必要に応じて就学前までの子どもも入所
できる。乳児院は，入所している子どもの養育のほか，
保護者や里親への支援，地域の子育て支援も行っている。

*15　児童福祉施設の
設備及び運営に関する
基準の「第21条第6項」
及び「第22条第2」に
規定されている。

写真3－3　砂遊び

（2）乳児院の実際

　乳児院で一日を過ごす子どもたちにとって，直接的に子どもをケアする保育
士や看護師の影響は大きいといえる。乳児院は，安全で安心して生活できるた
めの設備が求められる。室内は自由に活動ができるように配慮し，できるだけ
家庭的な環境*16にすることも大切である。

*16　家庭的な環境
　少人数の子どもを対
象に個別性に配慮しな
がら，丁寧な保育を行
う環境。

　乳児院は，「乳幼児の心身及び社会性の健全な発達を促進し，その人格の形
成に資すること」（児童福祉施設の設備及び運営に関する基準第23条）を養育目標
としている。そして，養育内容は，精神発達の観察及び指導，毎日定時に行う
授乳，食事，おむつ交換，入浴，外気浴及び安静，ならびに定期に行う身体測
定のほか，健康診断や感染症等の予防処置も行う。

　また，乳児院に入所している子どもは，保護者と離れて暮らしているため，
養育者である保育士は，子どもとの信頼関係を築くことが大切である。乳幼児
期に特定の大人と信頼関係を築くことによって，心理的に安定し，その後の発
達にも大きな影響を与える。そのため，個々の子どもを特定の職員が担当する
「担当養育制」を取り入れている乳児院もある。

　さらに，保育士は基本的な生活習慣を身につける援助や自立に向けての援助
を行うことが大切である。乳児院では，授乳や食事，おむつ交換，入浴等，
日々の子どもの生活を支える養育をしているだけではない。個々の子どもにつ
いて，援助計画が立てられ，個々の発達に合わせた援助が日々の生活の中で実
践されている。援助計画には，職員が個々の子どものねらい（子どもの育ちに

対する願い）に対して配慮することが記されている。将来，保護者のもとに戻る準備のため，保護者との面会や外出，外泊等が計画的に行われる。養育を行う職員が個々の子どもの援助計画の内容を理解し，一貫した援助を行っていくことが求められる。

（3）乳児院の課題

　乳児院における生活は，家庭生活と異なる点が多くある。家庭生活では，保護者が料理等の家事をしている様子を見たり，買い物に出かけたりといった生活体験は，日常生活の中で自然と体験できる。一方，乳児院で集団生活を行っている場合，家庭生活とは違う養育を行わなくてはならない。例えば，食事は調理室で作られる，買い物は数日分の食料や生活用品の配達が一括で行われることで，子どもが調理の様子を見たり，買い物に連れて行ってもらったりする機会が少なくなる。日常の生活体験を十分に積まぬまま育ってしまうこともある。

　家庭生活では，落ち着いた雰囲気の中で，保護者が子どものニーズにあわせて受容的・応答的な関わりをすることができる。一方，乳児院で集団養育を行っている場合，管理的な側面が強くなることがある。集団生活であるために，個々の子どもの生活リズムよりも日課が優先されたり，個々の子どものニーズに応えることが難しくなったりする。

　また家庭生活では，保護者が継続的に子どもを養育し，一貫した対応をとることができる。一方，乳児院では複数の職員が交代勤務で子どもの養育を行う。特に個々の子どもの養育担当者が決まっていない場合は，養育者が頻繁に交代するので，継続的な養育は難しくなる。また，施設職員同士がしっかりチームワークを組んでいないと，養育者によって養育方針や養育方法が異なり，一貫した対応ができなくなることもある。継続性や一貫性のある養育は，子どもに安心感をもたらし，特定の養育者と子どもとの間に信頼関係を築いていくことにつながる。

　上記のような課題を克服するため，2011（平成23）年7月に，厚生労働省社会保障審議会児童福祉部会社会的養護専門委員会及び児童養護施設等の社会的養護に関する検討会で，「社会的養護の課題と将来像」が取りまとめられた。現在，これに沿って施設の小規模化，地域分散化や里親委託の推進等の家庭養護・家庭的養護の推進，虐待を受けた児童への専門的ケアの充実のほか，社会的養護の充実を図る取り組みが実施されている。よって，乳児院では集団で養育や交代制による養育を見直し，養育単位の小規模化を促進している。つまり，集団で生活するのではなく，少数の職員と5人程度の子どもで生活することで，乳児院をより家庭的な養育環境にし，乳幼児期における発達を保障する

ねらいがある。

6　乳児や家庭を取り巻く環境と子育て支援

　女性の就労増加や晩婚化，また家族観の変化や地域社会の希薄化等，子どもや家庭を取り巻く環境は急速に変化している。保護者自身が核家族世帯で育ち，子どもとの直接的な接触経験が少なく，子どもが何を求めているか，子どもとどう関わったらよいかわからず，不安を感じていることも多い。ベネッセ教育総合研究所による幼児の生活アンケートによると，93.7％の母親が「子どもを育てるのは楽しくて幸せなことだ」と子育てを肯定的に感じている反面，「子どもが将来うまく育っていくかどうか心配になる」母親は65.7％，「子どもが煩わしくていらいらしてしまう」母親は59.9％，「子どものことでどうしたらよいかわからなくなる」母親は53.9％，であった[*17]。このような実情を踏まえ，国や地域で，子どもや子育てへの支援が行われている。

　新制度では，給付の支給認定として1～3号の認定区分が定められている。1，2，3号認定の乳幼児は認定こども園，保育所，幼稚園の施設を利用することができる。しかし0～2歳児で保育を必要としない家庭の乳児（同年齢の乳児の72.7％）は家庭で保護者（主に母親）と過ごしている（表3-5）。先のベネッセ教育総合研究所による幼児の生活アンケートによると「子どもが将来うまく育っていくかどうか心配になる」「子どものことでどうしたらよいかわからなくなる」といった育児の不安を感じている母親は，職業をもっている母親

*17　ベネッセ教育総合研究所『第5回幼児の生活アンケート』2015，首都圏（東京都，神奈川県，千葉県，埼玉県）の乳幼児を持つ保護者を対象とした。

表3-5　すべての子ども・子育て家庭を対象とした支援

	家庭以外の保育を必要としない	家庭以外の保育を必要とする
3～5歳児	【1号認定】（幼稚園等での教育を希望する） ○幼稚園 ○認定こども園 （幼稚園利用者：3～5歳児の49.3%）[1)]	【2号認定】 ○幼稚園 ○認定こども園 （保育所利用者：3～5歳児の44.5%）[2)]
0～2歳児	地域の子ども・子育て支援[3)] ○一時預かり ○子育て支援拠点 ○認定こども園等の子育て支援機能　等 （保育所を利用者していない者： 0～2歳児の72.7%）[4)]	【3号認定】 ○保育所 ○認定こども園 ○小規模保育　等 （保育所利用者：0～2歳児の27.3%）[2)]

注1）幼稚園利用者は『平成26年度学校基本調査』（文部科学省）より
　　2）保育園利用者は『保育所関連状況取りまとめ（平成26年4月1日）』（文部科学省）より
　　3）地域の子ども・子育て支援は全ての子どもが対象
　　4）保育所を利用していない者は保育所利用者からの差引
※注1・2・4）を算出する際の乳幼児数は『人口推計年報（平成25年10月1日）』より
　　　　　　　　　　　　　出典）内閣府『子ども・子育て支援新制度普及・啓発人材育成業務報告書』

表3－6　0・1・2歳児に関わりが深い子育て支援事業

事業名	事業内容
利用者支援事業【新規】	子どもまたはその保護者の身近な場所で，教育・保育施設や地域の子育て支援事業等の情報提供及び相談・助言等を行い，関係機関との連絡調整を行う事業。
地域子育て支援拠点事業	乳幼児及びその保護者が相互の交流を行う場所を開設し，子育てについての相談，情報の提供，助言その他の援助を行う事業。（写真3－4）
一時預かり事業	家庭において保育を受けることが一時的に困難となった乳幼児について，主として昼間において，認定こども園，幼稚園，保育所，地域子育て支援拠点その他の場所で一時的に預かり，必要な保護を行う事業。
乳児家庭全戸訪問事業	生後4か月までの乳児のいる全ての家庭を訪問し子育て支援に関する情報提供や養育環境の把握を行う事業。
養育支援訪問事業等	養育支援が特に必要な家庭を訪問し，養育に関する指導・助言等を行い，適切な養育の実施を確保する事業。
ファミリー・サポート・センター事業	乳幼児や小学生等の児童を有する子育て中の保護者を会員とし，児童の預かり等の援助を受けることを希望する者と当該援助を行うことを希望する者との相互援助活動に関する連絡，調整を行う事業。
子育て短期支援事業	保護者の疾病等の理由により家庭において養育を受けることが一時的に困難となった児童について，児童養護施設等に入所させ，必要な保護を行う事業。
延長保育事業	保育認定を受けた子どもついて，通常の利用日及び利用時間帯以外の日及び時間において，認定こども園，保育所等において保育を実施する事業。
病児保育事業	病児について，病院・保育所等に付設された専用スペース等において，看護師等が一時的に保育等する事業。
妊婦健康診査	妊婦の健康の保持及び増進を図るため，妊婦に対する健康診査を実施し，妊娠期間中の適時に必要に応じた医学的検査を実施する事業。

写真3－4　子育てルーム

注）　その他に放課後児童クラブ，実費徴収に係る補足給付を行う事業【新規】，多様な主体が本制度に参入することを促進するための事業【新規】がある。

のほうが専業主婦よりわずかに少なかった。施設型給付等の施策だけではなく0～2歳で保育を必要としていない家庭への子育て支援も重要である。これらの子どもや子育て家庭を含めたすべての子育て家庭を対象に市町村が地域の子ども・子育て支援事業を実施している。

　特に0・1・2歳児に関わりが深い子育て支援事業は表3－6のとおりである。

● ふりかえりシート

課題1：育児休暇，産前産後休暇について，法令による理念，目的，期間，給与の有無，期間中の補助等について調べてみよう。

課題2：身近な子育て支援の場を訪問して取材し，グループで発表してみよう。

課題3：自分の住んでいる市区町村の子育て支援のメニューをホームページや広報等で調べてみよう。

コラム　調査から明らかになった非認知能力の重要性

　ノーベル経済学賞を受賞したアメリカの経済学者ヘックマンの著書『幼児教育の経済学』（東洋経済新報社，2015）を紹介します。ヘックマンはペリー就学前プロジェクト〔1962（昭和37）年から心理学者ワイカートらの研究グループがアメリカミシガン州で行った〕の研究等をもとに就学前教育，特に非認知能力の育成の重要性について明らかにしました。低所得の58世帯の就学前の幼児に対して，午前中に毎日幼稚園での教育を施し，週に一度は教師が各家庭を訪問して親に指導をしました。内容は幼児の年齢と能力に応じて調整され，子どもの自発性を大切にする活動を中心に行われました。その後，就学前教育を受けた子どもと受けなかった同様の経済的境遇にある子どもを40歳まで追跡調査しました。結果として，

- ・小学校１年生で「就学前教育を受けた子ども」のほうがIQは高かった。
- ・９歳で「受けた子ども」と「受けない子ども」のIQに違いはなかった。
- ・20歳で「受けた子ども」の高校卒業率が「受けない子ども」より高かった。
- ・40歳で「受けた子ども」の所得や持ち家率が「受けない子ども」より高かった。
- ・40歳で「受けた子ども」の生活保護受給率や犯罪率が「受けない子ども」より低かった。

ヘックマンはこの研究や脳科学等の研究結果を用いて，以下のような知見を記しています。

① 　IQや学力テストのような認知能力は就学前教育後に，一時的に高くなるが次第に同じになる。

② 　人生で社会的に成功するには認知能力だけではなく，肉体的・身体的健康，注意深さ，意欲，自信，協調力，忍耐力というような非認知能力が重要である。

③ 　就学前教育を受けることは本人の利益にも，社会全体の利益にも大きな効果がある。

④ 　幼少期に非認知能力を身につけることはその後の学習をより効果的に継続する力になる。

　無藤隆は「非認知能力は３歳前後の育ちにも大切なため，２歳からのつながりも大事にしたい」*と述べています。２歳までの育ちもまたその土台となるのです。認知能力と非認知能力は絡み合うように伸び，どちらかの能力のみを重要視することはできませんが，乳児保育の対象となる子どもたちの意欲や関心，粘り強さや挑戦する気持ち等を子どもたちとの遊びや生活を通して培いたいものです。

写真３−５　さっきはごめんね

　* 　無藤　隆『これからの幼児教育』ベネッセ教育総合研究所，2016，p.20.

第4章 3歳未満児の発達過程からみる保育内容

保育所保育指針では乳児期の子どもの発達の視点を踏まえ，乳児保育を3つの視点，1歳以上3歳未満児を5つの領域として保育のねらいや内容をまとめている。子どもの発達の理解を基に，今の子どもの姿を観察し，次の段階を見通し，子どもと遊びや生活を共にしながら子ども自身がもつ伸びる力を発揮できるよう援助するのが乳児保育である。この章では乳児期の子どもの発達とそれに合わせた保育の内容を学ぶ。

1 発達の理解に基づく援助や関わりの基本

子どもが日々健康に過ごし，発達していくためには，大人の援助が欠かせない。特に乳児期においては，保育者（保育士，保育教諭をいう）の専門的な知識，技術，判断の基に行う的確な援助や関わりが，子どもの気持ちや生活，そして発達に強く影響する。子どもが自らもっている伸びる力を十分に発揮できるために，保育者には援助や関わりの基本的な姿勢が求められる。

（1）衛生的で安全な環境を準備し，乳児の命を守る

乳児期の子どもは，抵抗力が弱くいったん感染症等にかかると重篤になりやすい。乳児期後半には離乳食が進むので，母乳に含まれる免疫成分の影響が弱くなる。加えて，集団生活の中で感染症の罹患リスクが高まる。子どもが使用するものの消毒，保育者の手洗いや服装等の衛生面には特に注意が必要である。保育者自身の健康管理にも気を付けたい。

離乳食が始まると誤嚥・誤飲の危険が増す。保育者は危険があることを認識し，子どもから目を離さないことで子どもは楽しい食事を体験することができる。

また，乳児期は人間の生涯の中で最も急激な発達を遂げる時期であり，子どもの日常生活の過ごし方が日々変化していく。一日中眠っていることが多い赤

ちゃんの時期からはいはいしたり，歩きだしたりする時期に移行すると，危険な点が増える。例えば，ごみ箱は赤ちゃんのベッドの側に置くと便利だが，歩き出した赤ちゃんにとっては，中に手を入れたり，つまずいたりする危険なものに変わってしまう。保育者は，子どもの発育・発達過程に合わせて環境を変え，安全への細心の配慮が必要である。

（2）愛情をもって乳児の伸びる力を信じ，応答的に関わる

乳児期の子どもにとって生まれてきた世界が信頼できるものであり，自分は愛される価値ある存在であるという自己肯定観を獲得することは，大切である。子どもが不安に感じた時にはこの人が守ってくれるという絶対的な信頼感（p.54のコラム参照）を獲得するために保育者が愛情をもって子どもからのサインに的確に応答することが重要である。

このように自分は愛されていると感じることで子どもは情緒が安定し，生活や遊びの中で少しずつ周囲の環境に能動的に働きかけることができる。保育者は子どもが一人でじっくり遊んでいるときにはその時間を尊重し，気持ちに寄り添い，危険がないよう温かく見守り，自発的な活動を励ますことも大切である。

子どもは赤ちゃんの時は泣くことで，自分の身体が動かせるようになるとあらゆる能力を使って自ら外界に働きかける。保育者がこの働きかけに丁寧に，愛情をもって，応答的に関わっていくことで，子どもの発達が促され次の発達過程へと進んでいくのである。赤ちゃんの目線にあわせて声をかけ，クーイングや喃語*1に答え，気持ちや行動を言葉にしていく丁寧な関わりが大切である。

（3）発達の個人差を理解する

「首のすわり→お座り→はいはい→つかまり立ち」というように発達過程はどの子どもも大きく変わるものではないが，発達の姿は一人一人違いがあり，この個人差が大きいのが乳児期の子どもの特徴である。9か月で歩き出す子どももいれば15か月かかることもある。発語の時期や離乳の進み方等も子どもによって大きな違いがみられる。

乳児期の子どもは1〜2歩歩けるようになって急にはいはいしなくなったり，離乳初期には何でも意欲的に食べたのに離乳後期には好き嫌いがでて，遊び食べや食事にムラがでることもある。発達の様子は常に直線的ではなく，一進一退を繰り返す。

保育者は，発達過程や様子に優劣をつけたり一喜一憂することなく，保護者に十分説明をし，一人一人の発達のペースを尊重して次の発達の見通しをもちながら日々の子どもの生活や遊びを大切にしていく配慮が重要である。

*1　クーイングと喃語
　乳児の母音のみの発声（あまり意味がない）をクーイングという（5か月位まで）。一方「あうあう」，「ばぶばぶ」（意味を伴うことが多い）等，子音を含む多音節からなる発声を喃語という（6か月以降）。大人には意味のない言葉に聞こえるが，乳児には重要な発声練習になっている。

2　0〜6か月未満児の発達と保育内容

（1）　0〜6か月未満児の発達過程

1）身体的発達

生後28日頃までの新生児期では頭を左右に向けることができる（写真4‐1）。手はほとんど握った状態であるが，3か月頃には手が開くようになる。また，3〜4か月頃には首がすわり，頭を上げるようになる（写真4‐2）。5か月頃からは腕→肘→手のひらという順序で徐々に体を支えることができ，寝返りができるようになる。この頃は上半身の姿勢はまだ安定しない。目の前にあるものに手を伸ばしてつかもうとするが，まだ指でつかめず腕で抱えることが多い。

2）社会的発達

人の顔に興味をもち，注視したりする。泣き声で不快感を訴えたり注意を引こうとしたりする。3〜4か月頃には人を見て笑いかけたり（社会的微笑*2），笑い返したりする。「アー」や「ブー」のような喃語を発するようになる。4〜5か月頃には身近な人がわかるようになり，抱っこを求めて甘える。

3）精神的発達

視覚はまだ十分発達していないが，音に敏感に反応する。3〜4か月頃には自分の手をじっと見つめる（ハンドリガード），目の前で動く人や物を注意深く目で追うこと（追視）ができるようになる。こぶしを口に入れて舐める。5か月頃にはおもちゃのガラガラを振って音を鳴らしたり，触れた物をつかもうとしたりする。あやすと機嫌が良くなり手足をバタバタする。一方，不快の気持ちを泣きだけではなく，しぐさや表情で表現するようになる。

*2　社会的微笑
　　新生児の生まれつきの反射的な生理的微笑に対して，行為や行為の対象に対して何かを伝えるために笑うこと。

（2）　0〜6か月未満児の保育内容

保育者は乳児に対して一人一人の健康状態を把握した上で空腹，排泄，睡眠，入浴，着替えの世話をして生活リズムの形成を援助する。さらに

写真4‐1　生後23日目のA児

写真4‐2　生後108日目のA児

41

乳児の健やかな心身の発育・発達のためには，愛情深く，応答的な態度で乳児に安心感を与え，安全・清潔で温もりの感じる空間を提供する（写真4-3）。そのためには，笑顔で目を見て抱っこしたり等，乳児に合わせて抱き方を変えたり，語りかけながらあやしたり，発声に同調したり，乳児の触れた物の名前や感触を言葉にして色，形，手触り，味等を伝えたり（写真4-4），乳児との触れ合い遊びを一緒に楽しんだりすることが望ましい。この時期の配慮事項は乳児の主体性を引き出すようにおもちゃや場の安全性を確保すること，焦らずに乳児がチャレンジすることを見守ること等の援助の工夫，個人差が特に顕著な時期であるという認識，保育者同士や保健師・栄養士との連携，保護者の育児相談，園での様子を伝える「連絡帳」や「クラスだより」を通して乳児保育の知識を保護者に伝えることである。特に気をつけることは何の予兆や既往歴もないまま乳幼児が死に至る原因のわからない乳幼児突然死症候群（SIDS）[*3]である。予防策として，この時期の乳児は睡眠中の呼吸，姿勢等を5分間隔でチェックする。また，生後6か月未満の乳児の体に強い振動を与えることで発生するゆさぶられ症候群[*4]にも気をつける必要がある。

3　6か月以上1歳未満児の発達と保育内容

（1）6か月以上1歳未満児の発達過程

1）身体的発達

　6か月～1歳までの6か月の間は著しい発達がみられる。移動運動では7～8か月頃は腹ばい，一人で座り，9～10か月頃ははいはいをする。11～12か月頃はつかまり立ち，伝い歩き，一人で立つことができるようになる。指の操作

*3　乳幼児突然死症候群（SIDS）
　睡眠中の乳児（主に2～6か月）に起こる予兆のない突然死亡。日本での発症頻度はおおよそ出生6,000～7,000人に1人と推定される。

*4　ゆさぶられ症候群
　頭が重くて首の筋肉が未発達な乳児が強く揺さぶられたときに脳損傷を起こすこと。

写真4-3　安全・清潔で温もりの感じる乳児室

写真4-4　持ち替える遊具

運動では6か月を過ぎる頃は握る，9か月頃は親指を使ってつかむ，10か月頃からは親指と人さし指の先で物をつまむようになる。6か月未満児との違いは自分の力で移動できること，握ったままの状態の指が開き，親指と人さし指が徐々に器用になっていくところにみられる。

2）社会的発達

　6か月頃には反復的に喃語を発したり，見慣れない人が近づくと泣いたり，直視しないで警戒したりする「人見知り」が始まる。人見知りがよくみられる時期は8か月頃で「8か月不安」ともいわれる。甘えを示したり，保護者や保育者が離れようとすると泣いて後追いしたりするようになる。9か月頃からは「バイバイ」のような簡単な言葉がわかるようになる。10か月以降は保護者や保育者の指さしている物を一緒に見ることや自分が遠くの物を指さして保護者や保育者と一緒に見ることができるようになる。乳児と人と物の3者間の関係を「三項関係」という。三項関係はこれまでの二項関係（乳児と物，乳児と人）に比べて，相手も同じ物を見ているという「共同注意[*5]」の認知と相手も同じ物に興味・関心をもっているという「共感」の認知ができる現れと考えられ，認知能力の発達ととらえられる。また，対人理解の能力が芽生えたともいえる。「指さし」と「三項関係」はこの月齢の乳児の発達状態をとらえる指標となる。1歳頃は一語文が増えてきて，大人との簡単な言葉によるやり取りができる。自分の要求を伝えるため，泣かずに指さし，表情や一語で訴えることができ，感情の制御が少しみられるようになる。乳児同士の関係では，他の乳児の体に触れたり，持っている物に興味を示したり，一方的に取ったりすることがあるが，乳児同士の関わりは顕著ではない。

　乳児期の重要な発達課題は特定の大人との信頼感（愛着関係）の形成である。

＊5　共同注意
　相手の視線の先を追跡して同じ対象に注意を向けること。

写真4－5　ボールを遊びながら保育者の動きを見ている7か月頃のB児

写真4－6　斜面ではいはいをする9か月頃のC児

「特定の大人への信頼感」は自分が人に頼っていい，ありのままの自分を出していいと感じることである。この信頼感の獲得は，少人数で落ち着いた家庭的な雰囲気の中で，一貫して関わってもらえる，甘えられるという安心経験を通して得られる。このように特定の大人との情緒的な絆が結ばれるのを愛着（アタッチメント）という。乳児の人見知りは愛着者とそうでない者の区別がついた証である。

3）精神的発達

　7〜8か月頃の腹ばい，一人座り，9〜10か月頃のはいはいにともなって視界と行動範囲が広がり，見る，触れる，探索する対象が増えて物に関する感性が育ち，何かができたときの喜びを保護者や保育者の顔を見て表現する等，表情，身振りや発声で気持ちを表現するようになる。また，指の操作機能の発達にともなって遊びの種類が増え，細かい物にも好奇心を向けて，遊びを通して試行錯誤しながら学ぶ。このように遊びの中で表情や喃語も増え，探索する意欲も高まる。同時に自分で危険の判断が難しく不安なため，常に守ってくれる保護者や保育者が近くにいるのかが気になり，存在を確認する（写真4－5）。乳児は守ってくれる存在がいることを確認して，安心する。

写真4－7　保育者の授乳

（2）6か月以上1歳未満児の保育内容

*6　**離乳食**
　母乳やミルクから幼児食へ移行する過程の食品であり，液状やペースト状のもの。舌やあごを動かしながら食べることで噛む練習にもなる。

　乳歯が生え始め，いよいよ離乳食*6が始まる。離乳食は1日1回から，2回，3回へと増え，1歳児頃で幼児食に変わっていく。9か月〜1歳未満の間は手づかみで食べることがあるので，食後は手や口を拭く。噛むことは，「もぐもぐ」「かみかみ」等食べる動作をわかりやすい言葉にして遊び感覚で教えていくとよい。離乳食が進み，母乳による免疫成分の効果も弱くなるため，感染症にかかりやすくなるので衛生面や健康面への注意が大切である。昼間の睡眠回数は2〜3回，時間も一定になり，生活リズムが概ねできてくる。6か月〜9か月頃は人見知り，信頼できる大人との分離不安があるため，保育者は乳児の甘えや不安を受け止めてスキンシップをしながら応答していく。わらべ歌，絵本の読み聞かせ等，乳児が遊びの楽しさや身近な人との関わりの楽しさを味わえるように工夫する。おすわりやはいはい，つかまり立ちができるようになり，移動するフリースペースを用意する。写真4－6のような，はいはい遊びや脇の下を支えて保育者の膝の上でピョンピョン飛ぶ遊び，写真4－8のような触れ合い遊びを積極的に行う。一人遊びをしている場合は見守るようにする

写真4－8　歌いながらのくすぐ
　　　　　る遊び

写真4－9　手作り遊具
　　　　　で一人遊び

（写真4－9）。ただし，誤嚥・誤飲，転倒，転落，指を挟む等，けがや事故に
注意する。戸外に出て自然に触れ，「あたたかいね」と伝えたり，季節ごとの
旬の物の名前を教えたりすると乳児には様々な物に関心をもつきっかけにもな
る。一語文が言えるようになる頃には，乳児が真似て言えるようにわかりやす
い言葉を丁寧に発音し，手本を示す。一人一人が好きな遊具は何かを把握し
て，一人遊びができるようなスペースを確保して見守る。他の乳児との関わり
の架け橋になるように保育を展開することも社会的発達には大切である。保護
者は保育者に乳児の夜泣きや離乳食等について相談してくることが多い。この
頃の夜泣きはお腹が空く，おむつが濡れる等の理由ではなく，突然泣き出すこ
とがある。時期的なもので，焦らずに対策することが大切である。夜泣きは個
人差があって，まったくなかった乳児もいれば，激しい乳児もいる。また，乳
児の夜泣きは発達や生活リズムと連動している。昼間に眠りすぎたりする等，
リズムが崩れると夜泣きしやすい。

　乳児の発達過程は共通性があるが，あくまで一人一人の発達状態の目安とし
てとらえるべきものである。乳児期は個人差が著しいので個人差を考慮して発
達過程と保育内容及び指導方法に対する理解を深めていってほしい。

4　1歳以上2歳未満児の発達と保育内容

（1）1歳以上2歳未満児の発達過程

1）身体的発達

　「粗大運動*7」では，歩行が安定することに加え，しゃがむ，覗き込む等の
姿勢を取れるようになる。また，手に物を持って歩いたり，散歩のとき段差の
あるところを歩こうとしたりする等，変化のある動きを好むようになる。

*7　粗大運動

　移動等，全身の運動
や平衡を保つ身体の動
きのこと。

*8　微細運動
　主に腕や手先等，細かな調整を伴う操作のことを指す。

*9　巧緻性
　巧みで細かな動きのこと。

身体のバランス感覚の安定に伴い「微細運動*8」の発達もみられる。親指と人さし指でつまむ動作もスムーズになり，シールを貼る（写真4-10），絵本をめくる等，育ってきた力が遊びの場面でも発揮される。1歳後半頃からは積み方を調整しながら積み木を積んだり（写真4-11），穴の大きさや形に合わせて玩具を出し入れしたり，蓋を回して開け閉めする等，巧緻性*9が高まる。

　獲得されたこれらの力を使い，身近な環境に働きかけたいという意欲も高まる。身体が動くことは心が動くことと連動しているのである。

写真4-10　指先を使い，シールを剥がして貼ることに熱中

写真4-11　工夫しながら高く積む。見ている男児も壊さない

2）社会的発達

　三項関係の成立により，物への関心の共有や物のやりとりとそれに伴う気持ちの共有ができるようになった子どもは，一語文，指さしや行動，表情も使いながら，さかんに思いを保育者に伝えようとする。全身での表現を受けとめながら丁寧に応答したい。その際，受容するだけでなく，言葉を添えると子どもの語彙も豊かになっていく。2歳にかけては一語文から二語文を話すようになる。

*10　かみつきへの対応は，西川由紀子・射場美恵子『「かみつき」をなくすために 保育をどう見直すか』かもがわ出版，2004に詳しい。

　人への興味や関心が高まり，子ども同士の模倣から遊びを楽しむ姿も見られる。一方で，自我の育ちにより，自分の場所や物への執着が強くなるため，玩具の取り合いやかみつき*10が顕著になる。こうした姿は自他の区別の理解が進み，言葉で思いを伝えられるようになるにしたがい落ち着いていく。この発達の見通しを保育者同士，そして保護者とも共有し，対応することが大切となる。

3）精神的発達

*11　表　象
　外界の対象を頭に思いうかべる力のこと。

　感情の分化が進み，表出が豊かになる。また，表象*11の獲得により，頭にイメージしたものを玩具等で見立てることができるようになる。この象徴機能の獲得により，生活で体験していることを再現する遊び（「行ってきまーす」と出かけたり，フライパンに食べ物に見立てた玩具を入れて焼いたりするまね等）をす

る姿が見られ，ふり遊びや見立て遊びが行われるようになる。

　表象を獲得することにより，対象が目の前から見えなくなったり，一時的に何かに遮(さえぎ)られても，"ほしい""やりたい"という思いは持続するようになる。子どもの行動に意図や目的が出てくるのである。そして，自分の意図や目的と異なることややろうとしたことを制止されると，「イヤ」「○○の！」という姿が見られるようになる。保育者は，このようにだだをこねることも自我の育ちの現れととらえ，気持ちを受けとめ*12共感することを大事にする。そして，子どもが少しずつ折り合いをつけることを体験できるようにしたい。

（2）1歳以上2歳未満児の保育内容

　保育者は，子どもを取り巻く世界への意欲の高まりを尊重し，十分に探索行動ができる環境，様々な動きが経験できる遊び環境を準備することが大切である。室内だけでなく，自然から多くの刺激がある活動（園庭での遊び，散歩等）を，積極的に取り入れたい。

　大人から見ると同じようなことの繰り返しやいたずらのような行動も子どもにとっては，実験であり重要な体験である。例えば，容器から容器へ水を移し替えるような遊びでは，"やっぱり思った通り"であれば納得や満足，水が飛び散ることがあれば"あれ？"や"面白い！"等心が動き，さらに熱中するだろう。繰り返し自分で試しながら，物の仕組みや世界を知っていく時期であるため，ひとり遊びに没頭する時間を保障し，子どもが保育者に共感を求めたときに応答できる距離で見守りたい。

　感覚遊びもこの時期に十分行いたい遊びである。砂遊び（写真4－12），水遊び，片栗粉を用いた遊び，絵の具を使ったフィンガーペインティングや色水遊び，新聞紙遊び，バルーン遊び等，季節や子どもの発達に配慮して楽しめる取り入れ方をするとよいだろう。

　玩具では，ポットン落とし*13のような指先を使うものや，ふり遊び，見立て遊びが楽しめるようなものを子どもたちの経験や興味に合わせて準備したい。フェルト等で作った食べ物や，バッグ，人形やふとん，牛乳パック等で作成した車等があるとイメージがわきやすい。

　楽しい遊びを一緒に行うことで子ども同士が一緒にいて心地よいと感じられるようになる。そのためには子どもが安心できるスペースの確保，十分な数の玩具の準備，ゆったりした雰囲気の中で保育を行うことが大切だろう。楽しさの共有の中で真似も見られ，さらに遊びが楽しくなる（写真4－13）。保育者がそれぞれの遊びを見守ったり，共感したり言葉を添えたり，モデルとなったりしながら子ども同士の仲立ちとなることが重要である。

*12　「受けとめる」ことと「受け入れる」ことは異なる。子どもの欲求をその通りにかなえること（受け入れる）ではなく，気持ちに共感したうえで大人側の思いも伝えていくこと（受けとめる）が，その後の自我の育ちに重要である。

*13　ミルクの空き缶等（蓋がプラスチック製のものが扱いやすい）を利用した玩具。蓋に切り込みを入れ，そこにプラスチック製の番号札等を落として遊ぶ。入ると音がするため，働きかけと結果がわかりやすく，繰り返し楽しむ姿が見られる。

写真4－12　砂遊びのひとコマ。思
い思いに砂と関わる

写真4－13　電車が好き，友だちが
好き

事例4－1　一語文での子どもの発信を受けとめ言葉を添え，友だちとつなぐ

A　　児：（テラスに飛んできたセミをようやくつかまえて）「ミンミン」

保育者：「ミンミン，つかまえたね。ちょっとどきどき・・でも嬉しいね」

　　　　（共感し，言葉を添える）

A　　児：（他の保育者や友だちがいるところを振り返り）「ミンミン！」

保育者：「みんな，ミンミンつかまえたよ！見て！」

　　　：「みんなすごいねだって。よかったね」（代弁する）

A　　児：「ミンミン・・」（満足そうに手の中のセミを見つめる）

　好奇心が旺盛な時期なので，保育環境の安全には配慮したい。保育室だけでなく，共用の場所においても口に入るような小さなものが落ちていないか，指が挟まりそうな隙間はないか等，十分に注意することが大切である。

　また，子どもが主体的に過ごすためにも日々の日課は重要である。同じような生活の流れは子どもにとって単調なものではなく，その安心感が，主体性の発揮につながっていくのである。保育時間が長い子どももいる。また発達の個人差も大きく，気分や体調によっても見せる姿が異なる。個々の子どもの様子に配慮しながら，保育者同士が連携して保育にあたることが重要である。

5 2歳以上3歳未満児の発達と保育内容

（1）2歳以上3歳未満児の発達過程

1）身体的発達

　歩くことに加え，走る，飛び降りる，両足跳びができる等，運動機能が発達する。また，ボールを投げる，狙った場所に向かって着地する，ジャンプして狙った的を叩く等，2つ以上の行動を同時に行えるようになる。3歳頃には片

足でのバランスが取れるようになり，足を交互に出して階段を上ることができるようになる。自分の身体を意図的に動かすことができるようになるため，リズム遊びのような活動も楽しむ。微細運動においても，物をちぎる，ボタンをはめる，粘土を両手を使って丸める，片手で押さえて包丁で切る等，左右の手を協応させて動かせるようになる。

　目に見えてできることが増えることで，人や環境に積極的に関わろうとする意欲がさらに高まり，行動範囲も広くなっていく。自分の身体を動かすことにより得られた達成感が自信になり，また次の意欲へとつながっていく。内臓の機能が発達し，排泄の自立が進むことも，子どもの主体性を後押しする。

2）社会的発達

　自分から使用できる言葉が，2歳頃には300語，3歳頃には500〜1000語近くになる等，語彙が爆発的に増える。発音も明瞭になり，言葉のやりとりも楽しむようになる。会話らしい抑揚がついたり，「なんで？」等の質問もさかんにみられたりする。

　平行遊び*14の中で少しずつ友だちとのつながりがみられるようになる。物や場所を巡るいざこざもある一方で，「おんなじ」や「となり」等を喜ぶようになる。仲良しの友だちができ，手をつないで歩くこと等も好むようになる。また，"世話をされる自分"から"誰かの役にたつ自分"になりたいという気持ちも出てくる時期であり，大人の手伝いを好んでするようになる。周りから感謝されることで，誇らしい気持ちも芽生えてくる。

3）精神的発達

　自己主張がよりはっきりとしたものになり，自分の意志を強く主張する姿が様々な場面で現れる（自我の拡大）。食事や着替え等，一筋縄ではいかなくなったり，いざこざが生じたりするが，信頼できる大人の仲立ちで相手の話に耳を傾けたり，選択肢を与えられることで気持ちが立て直せるようになってくる。「イヤイヤ期」ともいわれる「第一次反抗期*15」は，子ども大人もエネルギーを使うが，しっかりと自己を主張し，受けとめられ，大人の力を借りて気持ちを調整するという経験が，3歳頃の衝動の自己コントロールの力や，友だちに自分のものを分けたり，貸したりする等の行動（写真4−14）につながっていくのである（自我の充実）。

　象徴機能の発達に伴い，イメージを使った遊びがさらに

写真4−14　ままごとでのひとコマ。作った牛乳を友だちにも分ける

*14　平行遊び

　他児の傍で同じような遊びをしているが，お互いのやりとりのみられない遊び方。パーテンは，相手との関わりという視点から遊びを，ひとり遊び，傍観的行動，平行遊び，連合遊び，協同遊びに分類している。3歳児未満では，ひとり遊び，平行遊びが多くみられる。

　Parten, M. B., Social participation among preschool children, *Journal of Abnormal and Social Psychology*, 27, 1932, pp.243-269.

坂上によれば
「反抗期」は大人側か
らのとらえ方であり，
子どもの立場では「自
己主張期」という表現
が的確ではないかとし
ている。

*15　坂上によれば
「反抗期」は大人側か
らのとらえ方であり，
子どもの立場では「自
己主張期」という表現
が的確ではないかとし
ている。
　坂上裕子他『問いか
らはじめる発達心理学』
有斐閣，2014，p.89.

*16　例えばケンケン
パのような丸の目印，線
路やS字のカーブのよ
うな線等を地面やマッ
トに描いておくと，子ど
もが楽しみながら挑戦
したくなる環境となる。

*17　移動すると予想
される線。

*18　例えば食べ物の
玩具であっても，マジ
ックテープ等で接続し
てあり，包丁を使って
切ることができるもの
を準備するとより複雑
な操作が体験できる。

充実する。見立てやふり，つもりを発揮しながら簡単なごっこ遊びが盛んにな
る。また，この時期には対象と対象を比較することができるようになり大き
い・小さい等の概念の芽生えもみられる。

（2）　2歳以上3歳未満児の保育内容

　様々な動きが体験できる環境を保育室や園庭に準備したい。起伏のある場所
やジャンプ，滑り台，身体を調整して動けるような遊び*16，またそれらのコー
ナーを組み合わせてサーキット（写真4-15）のようにするのもよいだろう。
ひも通しやボタンつなぎ等，目と手の協応の力を発揮し，楽しめる玩具も保育
室に揃えたい。また，やりたい遊びが自発的にできる環境設定（玩具や遊具を
自分で出したり片付けたりできる等）や靴をしまう，手を洗う等がスムーズにで
きるような動線*17を整えることも重要である。必要に応じて踏み台等を準備
するのもよい。

　この時期，「みてみて！」という発信も増えてくる。客観的にできたかどう
かというより，自分でできた，自分が作ったという喜びに溢れるこの時期の子
どもの姿を受けとめたい。共感して，達成感を得られる声かけで子どもの育ち
を応援することが大切である。

　ごっこ遊びもますます盛んになるため，遊びが発展し，充実するような玩具
や遊びの拠点となる場を用意したい。例えば，レストランごっこ用のメニュー
やエプロン，病院ごっこ用の聴診器や注射，消防士のホースや，ハンドルに見
立てられそうな新聞等で作成した輪（写真4-16），子どもが扱いやすい大きさ
の布も遊びの様々な場面で使えるだろう。また，1歳の頃よりも器用になって
きた手の操作の力を発揮できるよう意識するとよい*18。発達に合わせた玩具
を準備することで，それぞれの遊びが充実することに加え，友だちとイメージ
や場を共有した遊びも楽しめるよう工夫したい（写真4-
17）。お話をもとにしたごっこ遊びも楽しめるようにな
ってくるため，絵本の世界を再現できるような遊びも取
り入れるとよいだろう。

　また，いざこざの中では，自分の思いを懸命に説明し
ようとする姿が見られる等，まだ完全ではないものの言葉
で伝える力が発揮されるようなる。保育者が良し悪しを決
めるのではなく，それぞれの気持ちを受けとめながら言
い分を聞く，代弁をする等を丁寧に行い，子ども自身が相
手の気持ちにも気づくきっかけとなるように関わりたい。

　3歳未満児の保育では，同じ遊び，活動を準備しても

**写真4-15　様々な身体の動きが体験
できるよう，巧技台やマ
ット，積み木等を組み合
わせている**

写真4−16　ハンドルに見立てる，転がす，輪投げにする等，子どもの発達や興味に合わせて使用できる

写真4−17　ボタンを長く繋げる遊びから，友だちとの電車遊びに発展

一人一人の興味のあり方が異なることを踏まえ，今その子どもが見ていること，感じていること，表現したいことを大事にしたい。これからの育ちの土台となる時期であることから，結果を焦らず，発達のプロセスを踏まえて長い目で育ちを見通し，その子どもに今育っていることを認めて関わることが重要である。

コラム　　心の安全基地としてのアタッチメント

　子どもは周りの世界に対する認識が不十分なため，大人が思うよりはるかに多くの不安や危険を感じているようです。少し大きな音がすれば怖い，暗くなったら不安，知らない人に会えばびっくり，子どもは容易に怖がり，不安を感じる存在です。そのような時，子どもは特定の人にくっついて安全感・安心感を得ようとします。この行動をアタッチメントといいます。

　不安な時にくっついて安心を与えてもらう経験を繰り返すと，子どもは特定の大人に対して自然に信頼や愛着の感覚をもつようになります。信頼できる大人とは子どもの身近にいる大人，例えば母や父，祖父母等の家族（養育者）になります。また，乳児保育の現場では保育者が信頼できる大人になることが求められます。

　信頼できる大人を安全の基地として子どもは自律的な遊びの世界や，聞いたり見たり触ったりという探索活動に飛び出していきます。また，遊びや生活の中で，転んで痛かったり，思うようにいかなかったりというネガティブな感情に襲われた時に，信頼できる大人のところに戻っていきます。そこで，たっぷりくっついて，「痛かったね，大丈夫」となだめてもらい，折れそうな気持ちを立て直していきます。そして「悲しかったね」「悔しかったね」と気持ちを共感し，言葉で代弁してもらうことで少しずつ他者の心を理解していくのです。このように信頼できる大人との関係は心の避難所としての機能も果たします。

　アタッチメントの体験を繰り返し，信頼できる養護者との安定した経験の積み重ねが，生涯にわたる心身の健康な発達の基礎になるのです。

●ふりかえりシート

課題1：赤ちゃんが泣きやまない時の泣きへの理解と対処について話し合おう。

課題2：玩具を取り合い，相手を叩いた（2歳児）という場面を想定し，保育者の対応を考えてみよう。

課題3：課題2の場面を踏まえて，保育者役と子ども役（2人）でロールプレイを行い，それぞれの立場で感じたことを話し合ってみよう。

第**5**章　基本的生活習慣の獲得

保育所保育指針では，乳児期は，「おむつ交換や衣服の着脱などを通じて，清潔になることの心地よさを感じる」時期であり，１歳以上になると，「健康，安全な生活に必要な習慣に気付き，自分でしてみようとする気持ちが育つ」といったように生活習慣の自立に向けた援助へと関わり方が変わっていく。

ここでは，３歳未満児の保育における生活習慣の自立に向けた援助について説明する。

1 食 事

食事は，生命の維持や発育・発達に欠かせないものである。保育所保育指針（以下，保育指針）でも，健康な生活の基本として，食を営む力をつけることを求めている。乳幼児期にふさわしい食生活が展開され，適切な援助を行うことができるよう学んでいこう。

（1）乳幼児期の子どもたちの食を取り巻く環境

現在は，保護者の労働環境の変化や就労時間の増大により，食事をゆっくり作ったり，ゆっくり食べる時間が減少している。また生活時間の夜型化，食に対する価値観の変化により，食生活がおろそかになっている状況も危惧される。

2014（平成26）年国民健康・栄養調査によれば，１歳～６歳の子どもで朝食を食べない子どもが約５％，親になる年齢の20歳～29歳の29.5%，30歳～39歳の23.5%が朝食をとっていないという現状である（図5－1）。また保護者の朝食習慣が，子どもの朝食習慣に影響を及ぼしており，保護者がほとんど朝食をとらない習慣があると，子どもも朝食をとらない割合が増えている（図5－2）。朝食は，寝ている間に低下した体温を上昇させたり，寝ている間に少なくなっ

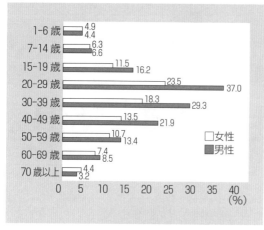

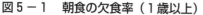

図5-1 朝食の欠食率（1歳以上）

出典）厚生労働省健康局『平成26年国民健康・栄養調査』2015.

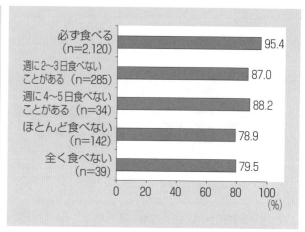

図5-2 保育者の朝食習慣別 朝食を必ず食べる子どもの割合（回答者：2～6歳児の保護者）

出典）厚生労働省『平成27年度 乳幼児栄養調査報告書』
http://www.mhlw.go.jp/file/03Seisakujouhou-11900000-Koyoukintoujidoukateikyoku/0000134460.pdf

てしまったエネルギーや栄養素を補給し，さらには午前中に使うためのエネルギーや栄養素を補給する重要な役割がある。子どもには朝食をとる習慣を，是非とも身につけてほしいものである。2016（平成28）年の同調査によれば，親になる年齢の朝食欠食率は約25％まで減少している。少しずつではあるが，親になる年齢層の，食に関する意識が変化してきていることが推測される。

　また，家族と一緒に暮らしているにもかかわらず一人で食事をとる「孤食」や，複数で食卓を囲んでいても食べている物がそれぞれ違う「個食」，子どもだけで食べる「子食」，ダイエットのために必要以上に食事量を制限する「小食」，同じ物ばかり食べる「固食」，濃い味付けの物ばかり食べる「濃食」，パン，麺類等の粉から作られた物ばかり食べる「粉食」といった避けたい7つの「こ食」が増加していて問題となっている[1]。

（2）園における食事提供の意義

　近年は保護者の就労形態の変化に伴い，就学前施設（保育所，認定こども園をいう）で過ごす時間が長期化している子どもが多くなっている。そのため就学前施設で提供される食事は，子どもの発育・発達に必要なエネルギーや栄養素を摂取するうえで，大きな役割を担っている。また乳幼児期は，生活習慣の基礎を確立する時期であり，規則正しい食習慣を身につけることが大切である。

　食行動は，図5-3のように発達にともなって変化していく。食べる機能の発達は個人差が大きいため，個々の子どもの発達度合いをよく観察し，焦らず

1) 堤ちはる「『食』を通じた子育て支援―幼児期からの食事に望むもの」小児保健研究，70巻記念号，2011, pp.7-9.

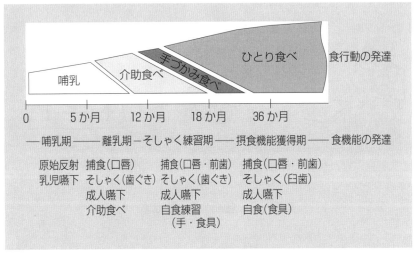

図 5 - 3　食行動の発達

出典）向井美惠編『食べる機能をうながす食事—摂食障害児のための献立，調理，介助』
医歯薬出版，p.32，1994 より一部改変

に一歩ずつステップアップしていく必要がある。

　生後5～6か月頃から離乳食を開始する。大人が食事をして
いる姿を見て興味を示したり，一緒に口を動かしたり，よだれ
が出る等の様子が見られてくると，離乳食開始のサインである
（図5-6）。1日1回，一さじから始める（ゴックン期）。開始
から1か月後には，離乳食の回数は2回になる。舌や上あごで
つぶせるくらいの固さのものを与える（モグモグ期）。この頃に
はお座りができるようになっているので，ベビーチェアに座ら
せて食べさせる。食べこぼしもたくさんある時期なので，あら
かじめ床にビニールシート等を敷いておくとよいだろう。下の
歯が生えてくると（生後9か月頃～），歯と歯茎で噛める固さの
食材を食べられるようになり，離乳食の回数も3回となる。こ
れまでは離乳食の後にミルクを与えていたが，1日1回程度に
減っていく。また自分で，手づかみで食べたがるようになるの
で，つかみやすい大きさに食材を切る等の工夫をする。ただ
し，まだまだ上手に食べることは難しく，保育者（保育士，保
育教諭をいう）の介助が必要である。1歳頃には離乳食を卒業
し，椅子に座って食べ始める。適切な姿勢で食べるには，足が
ぶらぶらしないよう床についていることが大切なので，子ども
の身長に合わせた「足のせ台」を用意しよう。また手指の発達
にともない，スプーンを使って食べ始めることができるように

いすに座り，赤ちゃんを
しっかりと抱く

図 5 - 4　授乳の姿勢

縦抱きにして，背中をたた
いたり，さすったりする

図 5 - 5　排気の姿勢

注）授乳の後，必ず排気させる

55

図5-6　各期の食べさせ方

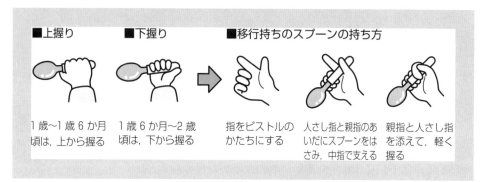

図5-7　スプーンの持ち方

なる。1歳後半になると，食べたことがないものや，見た目，匂い等が理由
で，好き嫌いが出始める。友だちや保育者がおいしそうに食べているのを見な
がら，まず一口食べてみるよう促すことが大切である。2歳頃になると，自分
で食べる意欲が増していく。器を持つ練習をしたり，3歳以降からのお箸を持
つ準備として，スプーンを「移行持ち（鉛筆の握り方）」で持てるようにしてい
く（図5-7）。そして，食事中には歩かない，食べているときはお口の中が見
えないように，おしゃべりに夢中になって食事が進まなくならないように声を
かけよう。また，「いただきます」，「ごちそうさま」の挨拶をする等，食事の
マナーを少しずつ伝えていく。

2　排　泄

　排泄の自立には，神経機能の発達が影響する。そのため，個人差も大きく，
排泄習慣の自立に向けた援助をするためには，保育者が排泄機能のしくみを理
解し，子どもの発達や状態に合わせた援助をしていくことが大切である。

（1）排泄の機能

　乳児期は，大脳の制御機能が未発達のため，おしっこを貯めておくことができない。生後3か月頃までは排尿は反射的であり，4か月頃から無意識的な排尿抑制が始まる。この頃から，未熟ではあるが尿意の前に泣くことで周囲に尿意を知らせる行動が見られるようになる。0歳後半になると排尿抑制の働きが整ってくるので膀胱に貯まる尿量も増えていく。神経系統の発達がすすむ1歳過ぎには，膀胱に尿が貯まった刺激が大脳皮質に伝達され，尿意を自覚することができるようになる。膀胱の容量が増えるとともに尿意を抑制する機能も発達するので，排尿間隔が長くなっていく。1歳6か月頃には，排尿間隔が2～3時間程度あくようになり排尿の調節が可能となるため，お昼寝の後や食事の前等にトイレに誘ったり，おまるに座らせてみるとよい（図5-8）。

　排便は，生後半年頃までは排便反射である。その後，反射的協調運動が起こり，腹圧をかけたり，いきんだりという様子が見られる。1歳を過ぎると大脳皮質の機能も発達し便意を感じ始め，1歳6か月～2歳頃には排便を知らせることができるようになる。便は尿よりも回数が少ないため（表5-1），食事の後等にトイレに誘ってみると成功することが多い。ただし，意志によって排便を調節でき自立するのは4歳前後である（図5-9）。

　排泄の自立は，神経機能の発達に伴い自立していくので，あまりに早い時期からトイレトレーニングを始めても，その分早くおむつが取れるものではない。保護者の中には，早くおむつが取れることを望み，失敗すると子どもを厳しく叱り自尊心を傷つけてしまったり，トイレを強要することで排泄を苦痛なものとさせてしまう等，かえって自立を遅らせてしまう場合もある。保育者は，排泄行動には個人差があること，その子の発達に伴った援助の仕方をしていくことの必要性を，専門家としてアドバイスすることが大切である。

（2）排泄習慣の目安

　排泄習慣は，①　無統制の段階，②　事後通告（排泄後の通告）の段階，③　予告（排泄前の通告）の段階，④　おむつの離脱，⑤　完全自立，といった発達過程を経て確立されていく。子どもの基本的生活習慣の調査[2]によると，排泄後の通告は，排尿も排便も1歳6か月を超えると急激に増加し，2歳6か月で約9割の子どもが通告できるようになる。男女差をみると，女児のほうがそれぞれ半年ほど早く通告している。排泄の予告に関しては，2歳から急激に増加し，3歳で約85%の子どもが予告できるようになる。そしておむつ離脱から完全自立（一人でトイレに行き排泄できるようになる）は，約9割の子どもが，3歳

2)　谷田貝公昭・高橋弥生『データでみる幼児の基本的生活習慣−基本的生活習慣の発達基準に関する研究−』一藝社，2007，pp.52-64.

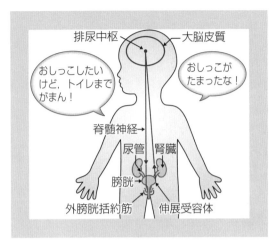

図5-8　排尿のしくみ[*1]　　　　　図5-9　排便のしくみ

*1　尿は，腎臓で作られ，一旦，膀胱に貯められる。膀胱に尿が貯まると大脳皮質に尿意が伝えられ，括約筋が緩み，尿は体外に排出される。尿を貯めたり出したりするのは無意識の反射だが，大脳の働きにより，尿の排出を制御しているので，トイレで尿が出せる。

表5-1　子どもの1日の排尿，排便の回数

月　齢		排尿機能の発達		排便機能の発達	
		膀胱にためられる尿の量	1日の尿の回数	1日の便の回数	便の状態
新生児期	0～1か月	5～20cc	15～20回	2～10回	水っぽい
乳児期	1～3か月	10～80cc			泥状・軟便
	3～6か月				
	6～12か月	50～180cc	10～16回		形ができはじめる
幼児期	1～2歳	80～200cc	7～12回	1～3回	形ができる かたくなる
	2～4歳	100～250cc	5～8回	1～2回	

出典）岩田 力編著『子どもの保健 理論と実際』同文書院，2015，pp.89-90.

6か月から4歳で自立できるという結果であった。一人でトイレに行き排泄することを自立とする場合と，紙を使用できるようになって自立とする場合等，自立には様々な考えがある。紙の使用に関しては男女差がみられ，排便後の紙の使用については，女児は3歳～3歳6か月，男児は4歳～4歳6か月で約8割ができるようになり，男女で1年ほどの開きがみられる。これは女児が，排尿の際にも紙を使用しているからだといえる。個人差に留意しながらも，援助の際の目安として参考にしてほしい。

（3）援助の実際

　ここでは，おむつ交換をはじめ，援助に必要な知識を習得しよう。

1）おむつ交換

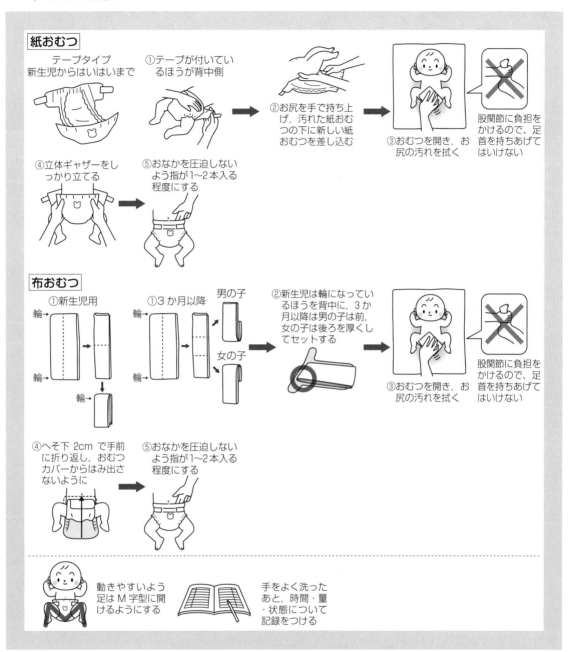

紙おむつ

テープタイプ
新生児からはいはいまで

①テープが付いているほうが背中側

②お尻を手で持ち上げ，汚れた紙おむつの下に新しい紙おむつを差し込む

③おむつを開き，お尻の汚れを拭く

股関節に負担をかけるので、足首を持ちあげてはいけない

④立体ギャザーをしっかり立てる

⑤おなかを圧迫しないよう指が1～2本入る程度にする

布おむつ

①新生児用
輪

①3か月以降
輪

男の子

女の子

②新生児は輪になっているほうを背中に，3か月以降は男の子は前，女の子は後ろを厚くしてセットする

③おむつを開き，お尻の汚れを拭く

股関節に負担をかけるので、足首を持ちあげてはいけない

④へそ下2cmで手前に折り返し，おむつカバーからはみ出さないように

⑤おなかを圧迫しないよう指が1～2本入る程度にする

動きやすいよう足はM字型に開けるようにする

手をよく洗ったあと，時間・量・状態について記録をつける

図5-10　おむつ交換

2）トイレトレーニング

　トイレトレーニングの開始時期は2歳頃で，おしっこの間隔が2時間くらいあくようになってからとされている。寒い時期は知覚神経が過敏になるため，おしっこの間隔が短くなったり，厚着になるため脱ぎにくく，トイレに行くの

図 5 −11　トイレトレーニング 1

図 5 −12　トイレトレーニング 2

を嫌がったり，時間がかかり失敗をする等があるが，あくまで個々の発達に合わせて，ゆったりと進めていくのがよいだろう。さらに子どもの発達の目安として，トイレトレーニング開始の目安*2を参考にしてほしい。

実際の関わり方は，① 子どもの様子を観察する➡② タイミングをつかむ➡③「おしっこをする感覚」を覚える＝便器に慣れさせる➡④ おむつからパンツに切り替える➡⑤ トイレで排泄する，といった流れになる（図 5 −11・12）。

3　睡　眠

子どもの睡眠不足や睡眠障害が持続すると，肥満や生活習慣病（糖尿病・高血圧），うつ病等の発症率を高めたり，イライラが増える等の情緒に影響を及ぼすことがわかってきた。また睡眠は，覚醒期の正常な脳の活動のためにも必要である。就学前施設と家庭との連携をとりながら，「早寝・早起き」という

＊2　トイレトレーニング開始の目安（米国小児科学会より）
① 尿意を伝えられる。
② トイレに関心をもっている。
③ 親のまねをするようになった。
④ ものを決まった場所に置くことができる。
⑤ ひとりで上手に歩いたり，お座りしたりできる。
⑥ 自分でパンツやズボンをおろせる。
⑦ 子どもの意思で「NO！」といえる。
Stadtler, A.C., Gorski, P.A., Brazelton, T.B., Toilet training methods, clinical interventions, and recommendations, *Pediatrics*, 1999, 103（6）pp.1359-1368.

基本的な生活習慣を整えることが大切である。

（1）睡眠リズム

　ヒトには概日リズム[*3]という周期的なリズムがあり，体温やホルモンの分泌等に影響している（図5-13）。赤ちゃんは誕生後に，昼間に自然な明るさの中で過ごし，夜には暗い環境で眠るといった明暗の区別のある生育環境にいると，生後4か月頃には，昼と夜の区別ができるようになる。生後6～7か月頃には睡眠のパターンの基礎ができてくる。しかし日によっては2～3回眠ったり，時間が一定しないことも多くあり，だんだんと夜間の睡眠が長くなっていく。その後，1歳過ぎには午睡が，午前と午後の2回パターンから，午後のみの1回パターンとなり，5・6歳頃には夜のみの睡眠となる。就学前施設では，個々の子どもの睡眠リズムに合わせ，よく遊び，よく眠れるようなリズムを考えたデイリープログラムを作るとよいだろう。

　また睡眠には，性質の異なる「ノンレム睡眠[*4]」と「レム睡眠[*5]」という2つの型がある。総睡眠時間は，新生児で約15～16時間，幼児期で約12時間必要となる。月齢，年齢が小さいほどレム睡眠が多く，大脳皮質の発達に伴いノンレム睡眠が多くなる。これは，レム睡眠が脳に入った情報を整理する役割を果たしているので，覚えることの多い乳幼児期から小児期にかけては，レム睡眠が多くなると考えられている。また，夜間，眠っている間に，ノンレム睡眠と

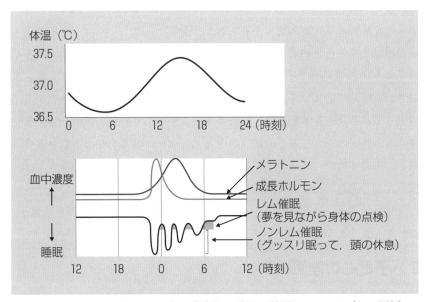

図5-13　様々な概日リズム（睡眠・覚醒，体温，ホルモン）の関係
出典）神山　潤『子どもの睡眠−眠りは脳と心の栄養−』芽ばえ社，2007.

[*3]　**概日リズム**
　外部の環境（光や温度等）に関係なく，ヒトを含む生命体がその内部にもつ概ね一日周期の活動リズムのこと。

[*4]　**ノンレム睡眠**
　ノンレム睡眠は脳の休息ともいわれ，脳波の状態によって1～4の4つのレベルに分けられる。一番深い睡眠（通常レベル3～4）は徐波睡眠と呼ばれ，ゆったりとした脳波δ（デルタ）波がみられる。
　日本睡眠学会編『睡眠学』朝倉書店，2009.

[*5]　**レム睡眠**
　レム睡眠とはRapid Eye Motion（急速眼球運動）の略で，まぶたの下で目がキョロキョロ動いている。このとき体は弛緩し，休息状態にあるが，脳は覚醒時に近い状態にある。
　日本睡眠学会編『睡眠学』朝倉書店，2009.

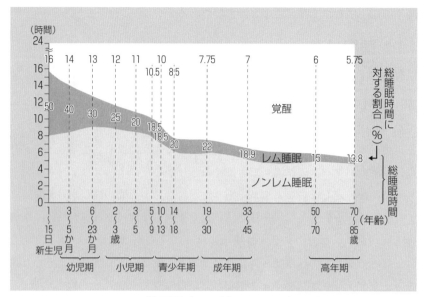

図 5 － 14　総睡眠時間に対するレム睡眠の割合

出典）Roffwarg, H.P., Muzio, J.N., Dement, WC., Ontogenic development of the human sleep-dream cycle, *Science* 152, 1966, pp.604-619.

レム睡眠が繰り返されているが，大人では90分周期，乳児の場合には40〜50分周期で繰り返されている。初めはノンレム睡眠から始まり，特に最初のノンレム睡眠が最も深い睡眠である。このときに最も多くの汗をかき，成長に欠かせない成長ホルモンが多く分泌される。この最初のノンレム睡眠による深い眠りを妨げないためには，汗を吸収発散しやすい寝具や，室温，照明等に配慮し，睡眠環境を整えることが大切である[3]（図 5 － 14）。

　夜の睡眠とホルモンの働きの関係も重要である。日本小児保健協会が報告した『子どもの睡眠に関する提言[4]』では，「子どもにとって必要なホルモンが分泌される時刻に寝ているかどうか」が重要としている。午後 9 時〜10時頃：深い眠りであるノンレム睡眠時に成長ホルモン，午前 0 時頃：情緒・神経を安定させるメラトニン，午前 2 時頃：集中力・意欲・学習力を高める副腎皮質ホルモン，午前 4 時頃：エネルギーを発揮させて体温を上げ，目覚めさせるコルチゾールが分泌される。メラトニンは眠気と関係していて，朝早くに光を浴びると夜にメラトニンが出やすくなることもわかっており，早起きの重要性が，ここからもよくわかる。

（2）子どもの睡眠の現状

　日本小児保健協会が，1980（昭和55）年から2010（平成22）年までの30年間にわたり，10年間隔で夜10時以降に寝る子どもの割合を調べている。その結果，

3）　日本睡眠学会編『睡眠学』朝倉書店，2009，p.150-240.

4）　日本小児保健協会『子どもの睡眠に関する提言』2003.

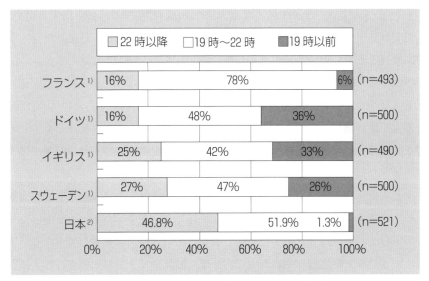

図5-15　赤ちゃんが寝る時間の国際比較

注1）P&G Pampers.comによる調査より（2008年3～4月実施，対象0～36か月の子ども）
　2）パンパース赤ちゃん研究所調べ（2008年実施，対象0～48か月の子ども）
出典）文部科学省『家庭で・地域で・学校でみんなで早寝早起き朝ごはん
　　　－子どもの生活リズム向上ハンドブック』2008.

10時以降に就寝する子どもの割合について1980（昭和55）年値，1990（平成2）年値，2000（平成12）年値，2010（平成22）年値を比べると，1歳6か月児で25％→38％→55％→30％，2歳児29％→41％→59％→35％，3歳児22％→36％→52％→31％，4歳児13％→23％→39％→26％，5～6歳児10％→17％→40％→25％と2000（平成12）年までは増加していたが，2010（平成22）年においては減少傾向であった。しかしそれでも1歳6か月児で30％の子どもが，10時以降に就寝しているのが現状である。

　また，0歳～4歳の就寝時刻を諸外国と比較すると，日本は「22時以降」と答えた割合が46.8％と，諸外国に比べて極めて高くなっていることがわかった（図5-15）。日本では，保護者の就労やライフスタイルの影響で，子どもの生活リズムが年々夜型傾向となり，遅く寝て早く起きるといったライフスタイルにより，睡眠不足の乳幼児が増えているのが現状である。子どもの発育・発達にとって睡眠が及ぼす影響の大きさを保育者自身も認識し，保護者に向けて，家族全員で生活習慣を見直すこと，子どもの睡眠習慣を整えることの重要性を伝えていくことが大切である。

（3）援助の実際

　子どもは，同じ保育者が関わることで安心して眠りにつくことができる。寝つくまでは，保育者が見守り，汗をかいていないか，ミルクを吐いていないか

5）　家庭的保育全国連絡協議会『家庭的保育の安全ガイドライン』2012，p.32.

等をチェックする。午睡中は，乳幼児突然死症候群（SIDS)を防止するため，乳児では5分ごと，1～2歳児は10分ごと[5]に呼吸を確認し，脈を診たり，うつぶせ寝をしていないか，ふとんが顔にかかっていないか等を確認する。

　睡眠環境としては，室温を20～22℃，湿度は40～60％に保ち，冬は室温が15℃以下にならないように気をつける。クーラーや扇風機を使う場合には，直接，子どもに風が当たらないよう気をつける。子どもは，入眠時に発汗しやすいので布団を薄くし，発汗後は体温が下がるので布団を1枚かける等の配慮が必要である。

　子どもは，一人一人眠るときの癖（入眠儀式）があるので，その子どもの眠りやすい癖を把握し，背中を軽くトントンしたり，さすったり，手を握ったり等，安心して睡眠に入れるよう援助しよう。また眠る前に興奮しすぎたり，緊張しすぎたり，離乳食を始めた頃であれば，離乳食で十分な栄養が摂れずに空腹で眠れないこともある。午睡前は，激しい遊びを避ける，離乳食を始めたばかりの時には，ミルクを一定量飲ませる等，空腹にならないよう心がける。

　2歳頃になると，感覚や情緒の分化が急激に進むので，疲れやすく，活動エネルギーを回復するために，十分な睡眠が必要になる。また，午睡も習慣化されていく。午睡前は，着替える→トイレに行く→布団に横になる等，一連の流れを習慣化させ，入眠しやすくするとよいだろう。

4　清潔の習慣

（1）清潔の意義

　私たちは，食事の時に口の周りや手が汚れてしまったら，自分で気付いてふく。服が汚れれば洗濯してきれいにし，毎日入浴や歯磨きもする，つまり，自分の身体をきれいに保つことが当たり前の生活を送っている。そのような当たり前のことも，実は乳幼児期からの保護者や保育者等，周りの大人の丁寧な関わりにより，習慣として身についたものである。

　自分の身体を清潔に保ち，身の回りを整った状態にできることは，体の保護や健康増進のために必要なことである。それと同時に，他人に不快感を与えない，他人と共に気持ちよく生活するという社会的な観点からもとても重要なことである。

（2）清潔の習慣に関する行動の発達と援助

　表5－2に，清潔に関する行動の大まかな発達の目安とその援助についてま

とめた。これはあくまでも目安であり，環境や経験による個人差を十分に考慮
し，一人一人に合った関わりを心がけていきたい。

（3）清潔の習慣と保育

　清潔の習慣は，食事や排泄のような生理的欲求に基づくものではない。その
ため，清潔に関する行動は，保護者や保育者が日々の生活の中で根気よく教え

表5-2　清潔に関する行動の年齢ごとの大まかな発達の目安とその援助

	手洗い	うがい	歯磨き	洗　顔	鼻かみ
0〜1歳	・手を拭いてもらう。 ・洗ってもらう。	・水を飲ませてもらう。 ・自分でコップを持とうとする。コップからはまだ上手には飲めない。	・ガーゼ等で口の中をきれいにしてもらう。 ・歯が生えてきたら，乳児用歯ブラシで優しくこする。	・起床後や授乳前後，食事の前後，手足や顔が汚れたら拭いてもらう。 「きれいにしようね」「気持ちいいね」等と声をかけながら拭く。	・鼻水が出ていたら拭いてもらう。
〜2歳	・後ろから手伝ってもらいながら手を洗うことができる。	・ブクブクうがいをしようとする。飲み込んでしまうこともある。	・仰向けに寝かせて優しく磨く。大人がしているところを見せる。	・自分の口の周りが汚れると拭こうとする（袖で，お手拭きで）。	・鼻水が出ていても自分では気づかないことが多いので，鏡を見せながら「きれいにしようね」と言って鼻をふく。
2〜3歳	・一人で手を洗おうとするので，身長にあった高さの洗面台や踏み台等を用意する。	・ブクブクうがいができる。	・危険のないように見守りながら自分で磨かせ，最後に仕上げ磨きをする。	・水で顔を洗えるようになるが，水が顔にかかるのを嫌がる子どももいる。	・大人がやって見せながら一緒に鼻をかむ。
3〜4歳	・一人で手を洗う。	・ガラガラうがいができるようになる。	・自分で歯を磨くが，磨き残しも多いので仕上げ磨きをする。	・水で顔が洗えるようになるが，個人差もある。	・自分で鼻をかむ。片方ずつ鼻を押さえてかむのはまだ難しいが，気長に見守っていく。
4〜5歳	・食事やおやつの前に手を洗う。 ・使ったハンカチの後始末ができる。	・ガラガラうがいが一人でできる。	・自分で歯磨きをする。		・鼻水を紙に包み込んでゴミ箱に捨てる。

出典）玉井美知子編著『新しい家庭教育の実際』ミネルヴァ書房，2000を参考に筆者が作成

事例5－1　砂場遊び

　天気のよい5月下旬の午前中。A児（2歳0か月）とB児（1歳10か月）は，保育者と共に砂場に裸足で遊んでいる。

　A児は手や足につく砂が気になるようで，しきりに手をこすって落とそうとする。一方，B児は洋服が濡れることも気にせずに，足で水を踏みながらバシャバシャと気持ちよさそうに遊んでいる。

　一通り遊び終わると保育者は「足に砂がついちゃったね」「きれいきれいしようね」と2人に声をかけながら，シャワーで足を流し，タオルで拭いて保育室の中に入っていく。

＊6　保育所保育指針「ねらい及び内容」の清潔に関する「内容」の項目
乳児保育
ア　健やかに伸び伸びと育つ
⑤　おむつ交換や衣服の着脱を通じて，清潔になることの心地よさを感じる。
1歳以上3歳未満児
ア　健康
⑤　身の回りを清潔に保つ心地よさを感じ，その習慣が少しずつ身に付く。
3歳以上児
ア　健康
⑦　身の回りを清潔にし，衣服の着脱，食事，排泄などの生活に必要な活動を自分でする。
⑨　自分の健康に関心をもち，病気の予防などに必要な活動を進んで行う。
厚生労働省『保育所保育指針』2017.

ていくと共に，清潔な状態の気持ちよさを実感として味わえる機会を設けていく必要がある。

　汚れることに対する反応は，個々の性格，経験や育つ環境によっても様々であるが，汚れることで「気持ち悪い」「不快だ」と感じ，それをきれいにすることで「さっぱりした」「気持ちがよい」という感覚を体で覚えていく。そして，発育・発達と共に，衣服を汚さないように気を付けて行動できるようになっていく。つまり，汚れる機会がなければ清潔の習慣を身につける機会もないともいえる。

　就学前施設等では，遊んで衣服が汚れるのを快く思わない保護者も少なからずいる。乳幼児期には，五感をフルに使って思い切り遊び，水や砂，素材の感覚を存分に味わうこと，そして，汚れたらきれいにし「さっぱりした」「きれいになった」という感覚を体で覚えていくことは大切な経験であると，保育者は保護者に伝えていくことも必要である。

　近年，「除菌」や「殺菌」という言葉を多く目にする。もちろん，体に取り込むと重大な病気を引き起こすものもあり，うがい手洗いの励行はとても大切である。ただ，一方で，子どもは遊びや生活の中で様々なものに接触しながら，免疫をつけていく。保護者や保育者が過度に神経質にならず，汚れたらきれいにしてもらう，自分できれいにするという経験を日々積み重ね，適度に「ちょうどよい」清潔の習慣を身につけさせていきたいものである。

（4）環境や援助の留意点

　他の多くの事柄同様，清潔の習慣に関しても，乳幼児の頃は大人にやってもらいながら，できることを自分でしながら，覚えていく。そのためには，乳幼児自らが意欲的に取り組める環境作りが大切になってくる＊6。口が汚れたら自分で拭けるようにおしぼりをおいておく，汚れたことに自分で気づけるように鏡をかけておく，ちょうどよい高さの水道で手を洗う，そうした環境に自ら関

写真5－1　手拭き用タオルをタオ
ルかけにかける

写真5－2　ハンカチを使ったらたたん
でしまう

わり，経験を重ねながら，習慣として身につけていく。

　また，楽しく取り組める環境への配慮をすることも乳幼児期には大切である。手洗いやハンカチたたみ等，生活習慣に関する歌や手遊びがたくさん考案されているので，そうした教材を上手に取り入れながら，乳幼児が毎日の生活の中で楽しく体や身の回りを清潔に保つ気持ちが育つよう関わっていきたいものである。

5　衣服の着脱

（1）着脱行動の発達

　着脱行動も乳幼児期から日々の生活を通して保護者や保育者の丁寧な関わりによって身につけていくことである。

　表5－3には，着脱行動に関する大まかな発達をまとめている。

　着脱行動も，手先の器用さと共に，経験や性格等，個人差の大きいものであるから，一人一人の発達や個性に合わせ，長い見通しをもった援助が大切である。

（2）環境や援助の留意点

　子どもの着脱行動を支えていくために，環境への配慮や留意点について考えてみたい。

　まず，子どもに着替える必要感を意識させていくことである。着脱行動も，清潔の習慣と同じく生理的欲求に基づくものではないので，少し極端な言い方ではあるが，着替えずに済ませられるものである（皆さんの中にも，リラックスしたい休日は一日中パジャマで過ごすという人もいることだろう）。

表 5 - 3　着脱行動に関する年齢ごとの大まかな発達の目安とその援助

	子どもの姿	援助や環境の工夫
0 〜 1 歳	・昼夜の区別ができ，日常着からパジャマに着替えさせてもらう。	・睡眠のリズムができてきたら，日常着とパジャマの区別をする。
1 〜 2 歳	・靴下を自分で脱ごうとする。 ・両手を上げて服を脱がせやすくする。 ・ファスナーを上げる。 ・指なし手袋，帽子，靴下を自分で脱ぐことができる。 ・ファスナーをはずせるようになる，	・パンツや靴下を途中まで履かせたら後は任せる等，自分でできる部分が増えるよう手伝い方を工夫する。 ・着脱しやすいデザインや素材のものを選ぶようにする。
2 〜 3 歳	・服を着る時，手伝ってもらうとできる。 ・スナップが止められる。 ・脱いだり着たりを一人でしたがる。 ・靴（ひもなし）が一人で履ける。	・自分でしたがる時には時間を十分にとるようにし，根気よく見守る。 ・左右が意識できるよう，靴や靴下に印をつける。 ・脱いだものを決まった場所に置くようにする。 ・脱いだものを畳んだり，洗濯物を一緒に畳んだりする。
3 〜 4 歳	・着ているものが脱げる。 ・ボタンをはずせる。 ・着る時，前後の区別がつかない。	・自分でしたがるので根気よく見守る ・汚れた衣服や小物を決まった場所に置くよう場所を決めて整えておく。 ・服を自分で出して着替えられるよう，しまう場所などを工夫する。
4 〜 5 歳	・着るものを順番に裏向けておくと着ることができる。 ・前のボタンを一人ではめられる。 ・服の前後を区別して間違えずに着る。 ・上衣を一人で着る。	・鏡を見ながらきちんとした身だしなみをすると気持ちがいいことを体験させる。
5 〜 6 歳	・大人の手をほとんど借りずに服を着る。 ・蝶結びができるようになる。	

出典）玉井美知子編著『新しい家庭教育の実際』ミネルヴァ書房，2000を参考に筆者が作成

　しかし，子どもの場合には，着脱行動そのものができるようになること以外にも，多くの意義がある。
　例えば，汚れたら着替えることで，汚れたままの服でいることは気持ちが悪く，適切ではないことを体験していく。また，就寝時のパジャマや水遊び時の服装等，生活状況に応じて着替えることで，時と場合に合わせた身だしなみについても理解できるようになる。発育・発達に伴い，天候や気温に合わせて自分で服を選んだり，自分に似合う服を選んだりできるようになることも大切であろう。保護者や保育者は，一緒に選んだり助言したりしながら，発育・発達

を見守っていきたいものである。

　2つ目は，子どもが着替えやすい環境を工夫していくことである。

　就学前施設の集団生活の場では，服を入れるかごやロッカー等を用意して，脱いだ服が散らかったり他児のものと混ざったりしない工夫をする。あるいは，一人で着替えられるようになってきた時期には，保護者に被るタイプの服やゴムのズボン等着やすい服を用意してもらい，自分一人で着替える達成感を味わえるよう配慮する。

　たくさんの服がぎゅうぎゅう詰めにタンスに入っていては出すのも嫌になるが，選びやすい量の服を，出し入れしやすい入れ物に変えるだけで，一人でできる部分が増える。ファスナーやボタンが多かったり，着る過程が複雑な服だったりすると誰かの手を借りないと着られないが，シンプルで簡単なデザインのものであれば，全過程を一人でこなすことができる。

　少しの工夫で，子どもの意欲が高まったり，一人で着脱できることに達成感や喜びを感じたりできることを考え，子どもの様子をよく観察しながら着やすさ，使いやすさを見直していくことで，子どもの着脱行動を支えていきたい。

　3つ目は「ほめて終われる環境や声かけの工夫」を心がけていくことである。一人で着脱できるようになる時期はちょうど，自尊心や誇らしさの感情が育つ時期でもある。やっとボタンのかけはずしができるようになった頃に，小さなボタンがたくさんついたデザインの服やパジャマを，一人で着ることは，子どもにとってなかなか難しい。それならば，まず大きなボタンが3つほどついた服を自分で着ることができることにより「できた」という達成感と，ほめられる喜びを味わえるように関わってほしい。それが，次の着替えへの意欲につながっていくのである。

（3）家庭と共に支えていく

　一人で着脱できるようになることは大きな自立の一歩であるが，保護者にとってはこの時期，悩みの種になりやすい事柄の一つでもある。「自分でやるといったのになかなかうまくできずに癇癪を起こす。ついつい親もイライラしてしまう」「遊びながら着替えるので時間がかかり，結局やってあげてしまう」等，様々な苦労話を耳にする。

　そのような保護者に対しては，ボタンを下から留めていくとかけ違いをしにくいとか，着る順番や方向を子どもにわかりやすいよう並べておくと間違わずに着られるとか，経験から導き出された各家庭や園での工夫を伝え合える機会を，保護者会等の際に設けていくのも一つの援助である。

　また，今は玩具も様々なものが販売されており，布絵本にボタンやファスナ

ー等がついていて，遊びながら着脱に必要な手先を使う動きを経験できるものもある。そういった玩具等を紹介して，子どもが必要感をもち，楽しんで取り組む関わりや環境の工夫を伝えたり一緒に考えたりしていく姿勢も大切である。

全部やってあげる日もあれば，あっという間に着替えて誇らしげに見せに来る日もある。子どもが行きつ戻りつしながらも，少しずつ自分の力で着替えることができるようになる姿を，保育者は，保護者と共に長い目で楽しみに見守っていきたいものである。

（4）小学校生活を見通した援助

保育指針等では，保育所保育と小学校教育の円滑な接続を図ることが明示されている。0〜2歳児にとっては，小学校はまだまだ先のことであるが，生活習慣が乳児期からの日々の積み重ねによって身に付いていくものであることを考えると，乳児期とはいえ，就学前施設と家庭とが同じ方向性をもって子どもたちの生活習慣面の自立に向けた援助を行っていくことは大切であろう。

実際，基本的生活習慣が身に付いていないことが原因で，入学後の生活がスムーズにスタートできないケースも少なくない。

体育の授業を例にあげてみよう。体操服で授業を行う学校の場合，子どもたちは，授業前の短い休み時間に体操服に着替える必要がある。クラスの皆が同じデザインの体操服だから，きちんと自分のものを管理できる力も求められる。また，プールの授業では水着の着脱だけでなく，濡れた体や髪の毛を拭いたり，自分で濡れた水着等を始末したりしなくてはならない場面もある。

給食の場面では，好き嫌いなく上手に食べることだけでなく，ある程度の時間内で食べられることも必要になってくる。教科書や教材等，自分の持ちものを管理できること，ロッカーや机の中を整理整頓すること，自分で身支度を整えられることも，小学校生活では求められることである。

こうしてあげてみると，子どもたちが小学校でも自信をもって過ごすためには，いかに乳幼児期にしっかりと基本的生活習慣を身に付けておくことが大切か分かるだろう。

就学前施設と小学校との連携の重要性がいわれるようになり，入学前に，交流会や授業体験，一日入学，保護者の授業参観等の機会を設けるところも多くなってきた。こうした機会を利用して，保護者にも小学校生活を知ってもらい，子どもたちの基本的生活習慣の自立を就学前施設と家庭とが協力しながら長いスパンで援助していけるように働きかけていくことも重要であろう。

●ふりかえりシート

課題1：自らの食生活についてふり返り，グループで話しあってみよう。
　　　　（例）7つの「こ食」について，栄養バランスについて，朝食欠食について等。

```
┌─────────────────────────────────────────────────────┐
│                                                     │
│                                                     │
│                                                     │
│                                                     │
│                                                     │
│                                                     │
└─────────────────────────────────────────────────────┘
```

課題2：おむつを交換する際の注意点を整理し，実際に沐浴人形を使って，おむつ交換を実践してみよう。

```
┌─────────────────────────────────────────────────────┐
│                                                     │
│                                                     │
│                                                     │
│                                                     │
│                                                     │
│                                                     │
└─────────────────────────────────────────────────────┘
```

課題3：乳幼児の服や小物等を扱う店舗に出向いて，乳幼児の服や小物にはどのような工夫がなされているかを観察してみよう。

```
┌─────────────────────────────────────────────────────┐
│                                                     │
│                                                     │
│                                                     │
│                                                     │
│                                                     │
│                                                     │
└─────────────────────────────────────────────────────┘
```

コラム　　おむつはずれのきっかけは…

　2歳半を過ぎても，なかなか「オシッコ」のサインを教えてくれないTくん。ウンチはトイレでできるのですが，オシッコは部屋の隅っこで紙おむつの中にします。尿意はわかるようなので，日中，何度かトイレに誘いますが「出ない」と頑(かたく)なにトイレを拒みます。どうやら，オシッコに関しては紙おむつの中にした方が「安心」といった感じらしいのです。なかなか紙おむつが外せないTくんに，私（母親）も，どうしたらよいものかと悩んでいました。

　ある日，いつものように部屋の隅っこに向かったTくん。すっきりすると，いつもはすぐに遊びに戻ってくるのですが，その日はなかなか戻らず部屋の隅に立ち尽くしています。キッチンで様子を見ていた私が不思議に思ってTくんのところに行ってみると，なんともいえない表情をしたTくんの足元には水たまりが…。

　たまたま，その時はいていた紙おむつが，何かのはずみで一部分が破れてしまい，そこからオシッコが漏れてしまったらしいのです。足を伝う温かい尿の感覚がどうにも気持ちが悪かったようで，何ともいえずに立ち尽くすTくんの表情が，情けないやら，おかしいやら…。

　ところが，Tくん。よほど濡れた感じが気持ち悪かったのか，それから3日後，あっという間におむつ卒業。「あんなに悩んでいたのに何だったんだろうね」と思わず笑ってしまいました。

　「必要感」をいかにして子どもに味わわせるかが，基本的生活習慣の自立の一歩。

　「こんなことがきっかけになることもあるんですね」と担任の保育者に話し，すっきりしたオシリのTくんを見ながら，一緒に笑いました。

第 6 章　乳児保育の計画と記録

　就学前施設（保育所，幼稚園，認定こども園をいう）には，子どもの発達に即した保育課程*¹や教育課程が存在し，各園はそれに即した指導計画を立てて保育に臨んでいる。この章では，乳児保育の指導計画の特徴を知り，保育実践で活用できる指導計画立案の実際を学ぶ。そして，立案を通して事前の準備や環境設定，連携や配慮事項，事後の保育の振り返りや評価・反省の大切さを理解する。また，保育の営みに欠かせない職員の協働体制のあり方について理解を深める。

＊1　保育所保育指針では「保育課程」や「指導計画」といった用語は，幼保連携型認定こども園教育・保育要領と幼稚園教育要領との整合性をとり，第1章総則の中で「全体的な計画の作成」として記載されている。

1　保育課程に基づく指導計画の作成と観察・記録及び自己評価

（1）乳児保育における指導計画とは

　保育所は，子どもが日中の大半を過ごす大切な生活の場である。そこでの生活は「ただ過ごす」のではなく，「保育の目標を達成するために，各保育所の保育の方針や目標に基づき，子どもの発達過程を踏まえて，保育の内容が組織的・計画的に構成され[1]」ている。それぞれの園には，園の理念や方針，保育の目標や内容を編成した保育課程がある。保育課程は毎年保育者（保育士，保育教諭をいう）が研鑽（けんさん）を重ねて編成するが，その際，地域の特性や保護者のニーズ等も含めた，総合的な保育の方針が明確になり，それぞれの園ごとに特徴が出てくる。指導計画とは，各園の保育課程に基づいて計画される，保育の営みに必要な事前に準備される具体的な筋道である。中でも，乳児保育に関しては，クラス単位の計画だけではなく，個別の計画が必要である。乳児保育に属する3歳未満児は，一人一人の月齢差にともない発達に差があると同時に個別性もある。保育の目標，基本的生活習慣や遊び・活動も，個々で異なる。

　保育者は，子どもの発達の過程を踏まえながら，目の前の子どもの興味や関

1）厚生労働省『保育所保育指針』〔第1章3（1）ア〕，2017.

73

心が何か，「今の育ち」と「その少し先の育ち」は何か等，日頃から観察し実態を把握したうえで，クラス全体としての計画と個別の計画を立案していく必要がある。

1）長期的な指導計画

　長期的な指導計画には，年間指導計画，期間指導計画，月間指導計画がある。年間指導計画は最も長期の計画であり，年度ごとの各クラスの保育活動の具体的な生活設計で，各園の保育方針に沿って年度開始前に立案される。ただし，子ども保育のクラスに在籍する子どもたちの発達過程や変化はめまぐるしく，また予測がつかないこともあるので，調整しながら利用することが必要である。さらに年間指導計画（年間カリキュラム）は，その中を4つの期間に区分し，期間指導計画（以下，期案とする）として立案することもある。0歳児に関しては月齢に沿って区分し，1・2歳児では季節に合わせた生活に沿って区分することが多い。

　月間指導計画（以下，月案とする）とは，年間指導計画に基づいて月毎の保育を具体的に計画したもので，ゆるやかな生活の流れを重視する乳児保育では活用しやすい計画である。保育者は，前月の子どもの様子を踏まえ実際にその時期にどのようなねらいをもって保育を営むのか，その内容を計画する（図6‑1）。

2）短期的な指導計画

　短期的な指導計画とは，長期的な指導計画を細分化し，より具体的に乳児の実態に対応した計画である。日々の生活に沿った計画で，週間指導計画（以下，週案とする），一日指導計画（以下，日案とする）がある。また，一日の保育の流れを時間軸に沿って記すデイリープログラム（日課ともいう）がある。

　週案は，週単位の比較的短い期間での活動計画なので，生活や遊び，配慮点を明確に示すことができるが，詰め込みすぎると0・1歳児クラスの子どもたちにとっては目まぐるしく，生活が落ち着かない計画になってしまうこともあるので，月単位のようなゆったりしたペースの計画のほうが調整でき，柔軟に対応しやすい。日案は通常の保育場面より，運動会等の行事で活用されることが多い。また，実習生が責任実習等の折に立案し活用する。デイリープログラムとは一日の流れの記録である。乳児保育においては，月齢に応じて規則的な生活リズムを整えることが，子どもたちの心身ともに安定した生活につながる。生活のリズムをしっかり保障することが大切である。

子どもの姿	・梅雨の湿気や蒸し暑さ等天候の影響で疲れが出やすく，食欲にムラがあり，午睡も長くなる日が多い。 ・自分で好きな遊びを見つけ没頭する姿が見られる。 ・水遊びに興味をもち始めている。	遊び・環境づくり・行事
ねらいと内容 （養護・教育）	・シャワーやこまめな着替えで清潔に留意し，食事や午睡等の生活時間を快適に過ごせるようにする（養護）。 ・保育者に手伝ってもらいながら自分で着替えようとする（養護）。 ・プール遊びや色水遊び等，夏の遊びを楽しむ（教育）。 ・七夕飾りの製作を通して，作る楽しみや雰囲気を味わう（教育）。	【遊び】 ・プール遊び 　小プール・大きいたらい・バケツ・水遊びセット・ペットボトル・色水・シャボン玉 ・製作 　短冊・七夕飾り・お絵かき（さかな） 【環境づくり】
職員間の連携	・プール遊びや水遊びの際，子どもがから目を離さない等，安全管理の役割分担をする。 ・とびひや水ぼうそう等，感染症に留意し，子どもの健康状態を確認し情報共有する。	・日よけ設置 ・水分補給 ・タオルと着替え（多め） 【行事】
家庭との連携	・暑さで疲れやすくなるので，早寝早起き朝ご飯の大切さを一層理解してもらう。 ・着替えの回数が増えたり，午睡時間が変わること等，夏の保育についてお便りや連絡帳を通して情報共有する。	・プール開き ・七夕まつり ・誕生日会 ・避難訓練

	内　容	援助・配慮（個別配慮含む）
養護（生命・情緒）	・汗をかいたら着替える，という清潔への意識をもち，自ら着替えようとする。 ・尿意を感じ，自分でトイレに行こうとする。 ・保育者に共感してもらうことで安心し，遊びの幅が広がる。	・着替えの後片付けまで援助する。 ・七夕等の伝承文化に親しむことができるよう，飾りつけやお話を工夫する。 ・一緒に過ごす中でいざこざが生じたら，保育者が気持ちを代弁して相手の気持ちに気づくように援助する。
教　育 （5領域） ・健　康 ・人間関係 ・環　境 ・言　葉 ・表　現	【健康】水遊びを体験し，水の中での体の動かし方を工夫する。 【人間関係】一緒に製作活動をすることで，他児へ興味をもち，時間を共有する楽しさを知る。 【環境】園庭の夏野菜や夏の花を見たり触れたりして，季節を味わう。 【言葉】自我が芽生え「○○ちゃんの」「自分で」という意思表示をする。 【表現】短冊に好きな絵を描いたり，盆踊りの曲に合わせて体を動かしたりする等，表現活動を子どもたちが自由に楽しむ。	・自立と依存の気持ちが揺らぐ子どもの様子に合わせて柔軟に対応する。特に甘えの気持ちには個別に対応する。 【A児】トイレでの排泄が失敗したときは，着替えを手伝いながら，安心できる声かけをする。 【B児】下痢をしやすい体質なので，体の冷えに留意する 【C児】・・・（略）・・・ 【D児】・・・（略）・・・
評価・反省	・気温の上昇と日差しの強さに注意しながら日陰作りをし，こまめな水分補給ができた。これから一層暑くなるので，引き続き配慮したい。 ・水遊びは興味・関心に個人差が大きかった。遊び方や楽しみ方を工夫したい。	

図6－1　2歳児7月の月間指導計画例

（2）作成上の留意点

指導計画を立案する際，基本的な手順を踏むことで，子どもの就学前施設での生活の道筋が明確になる。図6－2と図6－3に指導計画を作成する構造例を示す。長期の指導計画から短期の指導計画へ，保育の軸をしっかりもった立案が大切である。

1）目標とねらい

「目標」は，計画する期間の終了時点の子どもたちの姿をイメージし，目指す姿を記載する。年間指導計画の目標設定の場合では，1年後の子どもたちの姿を見通して目標を立てる。

「ねらい」は「目標」を具体的に示したものである。保育者は，"今ここ"の目の前の子どもたちの生活や遊び，発達過程の実態を確認し，次の保育では何が課題となり，テーマとすべきかを検討し「ねらい」として示す。それは，長期的な計画でも短期的な計画でも共通である。

2）内　容

「内容」には，「ねらい」を達成するために，どのような活動や体験をするか等をより具体的に示す。計画表の様式は園によって様々ではあるが，「内容」として記載する際，養護面と教育面の2つの側面から保育内容を立案することが多い。養護面とは生命の維持や情緒の安定に関する事項で，教育面とは，5領域（健康・人間関係・環境・言葉・表現）に関する事項である。0歳児の計画の場合は，養護面に加え安全面や養育者間の連携（保育職員間・家庭と園）について，より具体的な計画が求められる。一方，1・2歳児になると，自我の芽生えとともに自発的な活動が徐々に現れ「幼児期の終わりまでに育ってほしい姿」を視野に入れた，主体的で対話的な活動の土台としての意味合いが加わってくる。よって，1・2歳児の計画の場合は，5領域に即した教育面の充実が求められる。乳児保育の場合，年齢ごとに重視する側面が異なることが特徴である。

3）保育者の援助や配慮や生活・遊び・環境等

年間指導計画では，保育の内容に沿ってクラス全体に対する援助や配慮点を示す。0・1歳児の場合は，発達に応じた区分ごと，2歳児の場合は，季節に応じた区分ごと，に記載する。

月案や週案では，クラス集団としての援助や配慮点，生活や遊び，環境づく

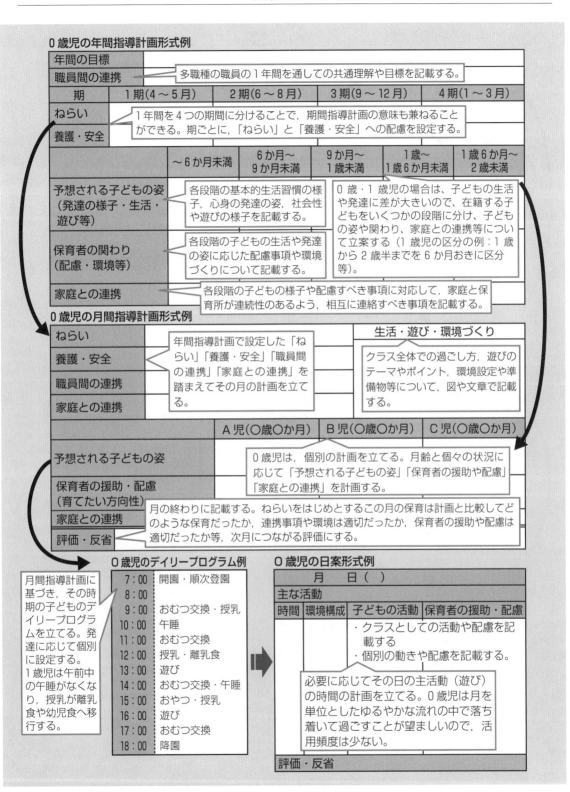

図6－2 ０歳児の指導計画立案の構造例 （１歳児についても注釈あり）

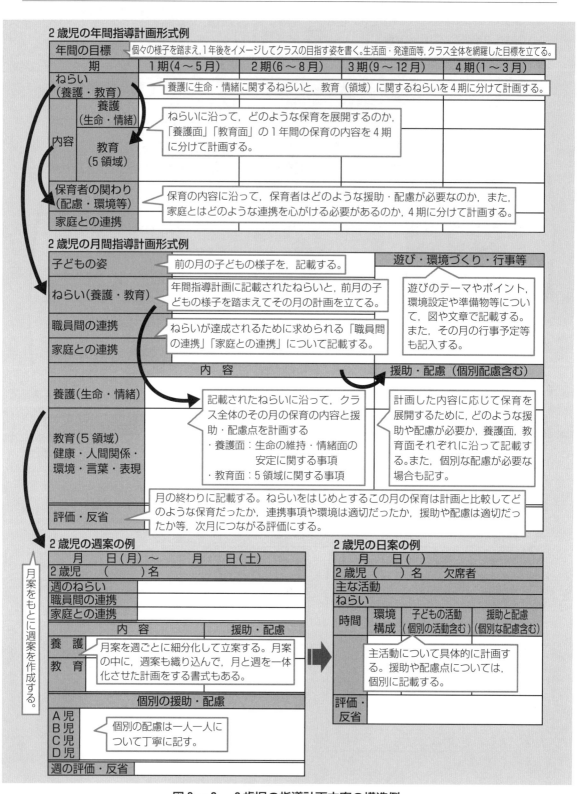

図6-3　2歳児の指導計画立案の構造例

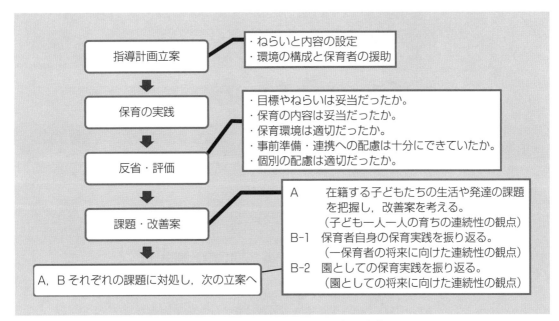

図6－4　立案から評価までと次の立案へ

りについて計画するとともに，個別の配慮や，個々の状況に応じた生活や遊び
について，それぞれ計画することが大切である。

4）評価・反省

　指導計画は，前後の保育内容の連続性が重要である。保育の営みとは，子ど
も一人一人の育ちの連続性とともに，保育自体も連続性をもったものである。
それは，個々の保育者自身が保育実践を振り返り，保育の質の向上を目指す
「一保育者の将来に向けた連続性」と，園として保育実践を振り返り，次年度
のこの年齢に対する保育の質の向上を目指す「園としての将来に向けた連続
性」の２つの側面がある。保育実践の後に評価や反省をすることは，子どもの
育ちを保障し，保育の質の向上のために重要である。指導計画に基づいた実践
を評価して反省点や課題や改善案を明確に記すことが大切である。この欄は保
育実践後に振り返りをして記載し，次の保育につなげていく（図6－4）。

2　個々の発達を促す生活と遊びの環境

（1）乳児保育の特性と個別の指導計画

　乳児保育では，月齢差や年齢差があるので，クラス単位の年間指導計画や月

（　　　）月　個別計画		
A児	子どもの姿	保育者の援助・配慮
	保護者との連携	評価・反省
B児	子どもの姿	保育者の援助・配慮
	保護者との連携	評価・反省

注）　図6-2，図6-3のように月案の中に組み込まれる形式もある。

図6-5　個別指導計画形式例

案等の他に，個別の指導計画も作成する。個別の指導計画は，一人一人の生活や発達に合わせて考えられ，多くの場合「子どもの姿」「保育者の援助・配慮」「保護者との連携」「評価と反省」等の項目に沿って記載される（図6-5）。様式は園によって様々ではあるが，乳児保育の場合「保護者との連携」に関しては，子どもの生活や発達を家庭と園の連続性の中でとらえることが重要なので，必須の項目である。

　前項で学んだ通り，月案や週案等を立案する時も，乳児保育では子ども一人一人に応じた個別の計画を組み込む必要がある。一方で，保育者はクラス集団としての生活や遊び，環境づくりにも配慮し，集団としての体験や育ちの見通しを立てなければならない。保育計画の中で個々の子どもに対し援助や配慮するとともに，その個々の子どもがどのように集団の中で過ごし，何を体験するか，また集団としての乳児保育をどのように展開するか等を明らかにしておくことで，集団の中でも，一律の保育で子どもが自己発揮できなかったり，一人一人に配慮が行き届かず，集団の中に個が埋もれてしまったりすることのない，配慮が行き届いた保育が可能となる。

（2）環境への配慮

1）安全環境

　3歳未満児の保育に携わるとき，3歳以上児と比較して特に留意しなければならないことの一つに，安全環境を整えることがある。保育者は，目の前の子どもの運動発達過程や興味・関心をよく把握し，子どもの動きを予測することが大切である。けがや事故につがならないよう，危険な物や状況を予め除外し

ておくこと，子どもが物に触れても安全な状態になっていることを確認すること等，事前の準備を怠ってはならない。子どもが見る景色は大人とは異なるので，子どもの視線や視野，動線で確認することも忘れてはならない。指導計画の中で，安全への配慮や環境づくりについて計画する項目が含まれている。それはクラス集団に対する計画の場合もあれば，子ども一人一人への個別の配慮としての記載の場合もある。指導計画の種類によって計画や記載の様式は様々だが，大切なことは，指導計画に記載することで保育者が安全管理点を事前に確認できることである。日々子どもと一緒に過ごす時間の前に，どんな準備や配慮ができるか，立案者だけでなく保育者全員が共通理解し，安全に過ごせる環境を整えていくことが求められる。

2）遊び環境

　保育者は，指導計画を立案する際にその計画の期間で遊びの主なテーマについて考案する。これは子どもの活動の中心を遊びととらえ，具体的な指導計画をイメージすることともいえる。

　遊び環境の充実のためには，玩具やその他の遊び道具等の「物の環境」，遊ぶ相手，見守る保育者等の「人の環境」，遊びや活動の場所等の「空間の環境」を整えるようにしたい。「物の環境」は，子ども一人一人に適した物は何か考え，整えることである。月齢や年齢，個々の興味や関心，運動面や情緒面等の発達面を考慮し，目の前の子どもに適した物は何か，そしてその「少し先」の発達過程に適した物は何かまで予測して整えたい。その時，物の質や量も，状況に応じて調整することを忘れてはならない。「人の環境」を考えるとき，保育者の立ち位置や子ども同士の関係性等，子どもの周囲の人間関係に配慮したい。就学前施設では，家庭とは異なり様々な人が子どもの周囲にいるので，多様な人との関わりが乳児期から始まっていることも乳児保育の特徴として押さえておきたい。一方で，一人で遊びに没頭できるような配慮も忘れてはならない。それは「空間の環境」にも関連してくる。例えば，子どもが活動しやすい，遊びに没頭しやすい，一人一人の遊びが充実し発展しやすい等の環境づくりをすることが求められる。例えば，一緒にいること自体を楽しいと感じあっている2歳児がいた場合，保育者が「押し入れ」というに空間環境を用意しておくと，そこに何人も一緒に潜り込んで楽しさを共有している姿が見られる。「ここに入ってごらん」という意図的な言葉がけではなく，その空間をそっと用意しておくこと等，工夫してみるとよいだろう。

3）生活環境

　子どもの生活は，低年齢であればあるほど，発達過程により個人差がある。そのため，デイリープログラムは個別に設定されることも多い。プログラムには，睡眠リズムや食事（授乳・離乳食・おやつ等），排泄（おむつ交換・トイレ誘導等），そして清潔・着脱衣といった基本的生活習慣についての配慮・援助も含まれる。そして，生活環境の充実のためには，遊び環境と同様に「物の環境」「人の環境」「空間の環境」を整えることが重要である。食器の操作を促す時期には，持ちやすい茶碗やスプーンを用意する，トイレットトレーニングを開始する時期には，脱ぎやすい衣服や着替えの服を保護者と相談して用意する等，子どもの生活習慣の状況に合わせて整えてほしい。また，例えば着替えの自立については，乳児期では自立と依存の気持ちが揺れ動く時期でもある。このような時期には，保育者がそばにいたり見守ったりして，子どもの様子に合わせ臨機応変に対応し「人の環境」を整えることが必要である。また，子どもが他の子どもの衣服をたたんでいる姿を見て，真似をすることもある。子ども同士も「人の環境」となり得る。「空間の環境」は午睡に適した空間を用意したり，食事場面に適した衛生的で落ち着いた環境を用意したりすること等があげられる。

　生活環境を設定するということは，事前に子どもの動きや興味・関心を想定し，可能な限りの準備をしておくことである。実際の生活の中で課題に柔軟に対応することで，次につながる連続性のある保育を実践していくことができる。

3　職員間の協働

（1）乳児保育の協働

　乳児保育では，クラス内に2人以上の保育者がいる複数担任制で保育していることが多い。月齢が異なり，発達過程が多様な子どもたちの保育を複数の保育者で営むために，クラス内で保育者同士の連携が必須になる。また，子どもの育ちを支えるのは，保育者だけとは限らず，看護師，保健師，栄養士等が乳児保育を担うこともある。多様な専門職が連携することで，目の前の子どもの育ちを保障し，協働した保育を営むことが大切である。

　その際，保育者等の間で事前に打ち合わせ，指導計画や主な役割を決めておくことが基本となる。指導計画や役割に応じて保育が営まれるのだが，当然ながら子どもは計画に沿って活動するわけではない。目の前の子どもの様子や，その日の生活の流れで，柔軟に対応することも大切である。保育者同士で声を

かけあったり，メモや記録をこまめに取ることで，協働体制を整えていく。そして，保育実践の後には保育者同士でお互いの保育を振り返り，良かった点や改善点等を確認し，次の保育の実践につなげていく。

　保育者同士がそれぞれの立場を踏まえて連携を図ることが大切である。「わかっているつもり」「言ったつもり」という曖昧な連携にならないように十分留意し，打ち合わせ，保育の合間を使っての話し合い，記録による確認等を通してしっかり連携していく。日々の多忙さに流されることなく，保育の疑問や不安を，周囲の同僚に発信できる環境をつくることで，適切な協働体制を整えたい。

（2）立場に応じた協働

　就学前施設には，様々な立場の保育者が勤務している。園の管理・運営等を担う立場の園長や副園長，現場の保育の責任を担う主任・チーフ，クラスの保育を任されている担任と副担任，個別保育対応の保育者，また，非常勤の保育者がいる場合もある。それぞれが異なる立場で同じ施設の中で保育に携わっているのである。もっとも，上記の立場が全てというわけではない。それぞれの施設の方針や状況に応じて，保育者は柔軟にかつ合理的に様々な責務を担っているのはいうまでもない。

　1つの園で1つのチームができ上がっていて，保育者はそれぞれの立ち位置（ポジション）での役割を果たすことが重要である。特に，3歳未満の子どもの発育・発達はめまぐるしく，また基本的な生活習慣を身につける時期でもあるので，チームが潤滑に機能しないと，そこで生活している子どもへの保育が停滞したり，質の確保が難しくなることもある。

　保育者は，それぞれの立場で就学前施設の中ですべき役割を念頭に置いて保育することが求められる。さらに自身以外の保育者の役割にも目を向けることで，園全体が潤滑に機能している，協働性のある保育を目指してほしい。

（3）職員の協働

　就学前施設内には，保育者の他，調理員，事務職員，用務員，看護師や保健師等，多様な専門職員が勤務している。就学前施設内にいる職員は，子どもの育ちを支える立場であるため，お互いが意識して，日頃からきめ細かく連絡を取り合う体制が求められる。子どもの育ちに対する思いや疑問点，業務中に発生した問題への対処等について，職員同士が横のつながりをもち，情報の共有を図ったうえで実践していくことが大切である。職員は，それぞれが異なる立場から子どもの様子を見ているものである。それぞれの意見を重ね合わせることで，子ども理解が一層充実したものになるだろう。

●ふりかえりシート

課題1：この章に例示されている2歳児7月の月間指導計画をもとに，2歳児7月第1週の週案を書いてみよう。

7月第1週（七夕まつりの前の週）	
週のねらい	
職員間の連携	
家庭との連携	

課題2：年間指導計画のうち，1歳児の4期ごとの養護・安全面のポイントを書いてみよう。

1歳児	4〜5月	6〜8月	9〜12月	1〜3月
養護・安全				

課題3：職員間の連携のうち，0歳児クラスで必要なことは何か，ピックアップしてみよう。

コラム　　　興味の矛先

　下の絵は，今では私の身長をとっくに追い越した我が息子（当時4歳半頃）の「作品」です。

　リビングのテーブルに無造作に置かれていて，本人は既に他の遊びをしていました。どうやら，何か印刷物の裏に，思いのままに描いたようです。

　子どもが描く絵を見る機会が比較的多い仕事をしていますが，衝撃でした。

　「いったい何を描いたの？　あ〜ぬいぐるみたちの後ろ姿ね…　でも，なぜ集団で後ろ姿？これは○○で，これはきっと○○かしら…わからないけど。でも，おもしろい」

　そうです。子どもが描いた絵に対し，かわいい！上手！すごいね！等々，様々な表現はありますが，ひたすらに「おもしろい」のです。その後，私はこの奇妙な構図の絵を思い出しては，感心するとともに一人思い出し笑いをしたものです。本人が大きくなってから，なぜこの絵を描いたのか聞いてみたところ「後頭部の模様がね…」とのことでした。

　大人が予測しない角度から突っ込んでくるような興味の矛先でした。「普通は顔を描くものでしょ」なんて常識的に思っていた自分は，まだまだ未熟だなあ，修行が足りない，とつくづく思い知らされました。本人は，誰かに見せたかったわけでも教えたかったわけでもなく，ただ興味をもったもの（ここでは"ぬいぐるみたちの後頭部の模様"）を表現してみたかったのでしょう。偶然にも子どもの興味の矛先が奇妙な絵となって残されたわけです。子どもと大人の視点の違い，子どもの発想の豊かさに驚いたものです。

第7章　乳児保育における連携

　2012（平成24）年8月に「子ども・子育て支援法」,「認定こども園法の一部改正法」,「子ども・子育て支援法及び認定こども園法の一部改正法の施行に伴う関係法律の整備等に関する法律」の子ども・子育て関連3法が成立した。この章では,まず現代社会おける子育ての背景を知り,子育て支援の実情を学ぶ。そのうえで,子ども・子育て関連3法に基づく「子ども・子育て支援新制度」の内容と自治体で行われている具体例を紹介する。さらに,実際の子育て支援の方法として,連絡帳の書き方,及び注意点と子育て子育て支援とわらべ歌・絵本との関わりを学んでいく。

1　子育て支援の背景

（1）少子化の現状

　日本の年間の出生数は,第一次ベビーブーム期〔1947（昭和22）年～1949（昭和24）年〕に約270万人,第二次ベビーブーム期〔1971（昭和46）年～1974（昭和49）年)〕では約200万人であったが,2016（平成28）年では約98万人（推計値）であり,大幅な減少傾向にある。合計特殊出生率をみても,第一次ベビーブーム期には4.3を超えていたが,2015（平成27）年には,1.45と諸外国と比較しても低い水準で推移している[*1]。また,婚姻件数においても,2016（平成28）年の人口動態統計によると約62万組（1970年：約100万組）であり,男女とも晩婚化・非婚化の傾向が進行している。

（2）背景にある育児不安

　低い出生率には,現代の子育てのしづらさが,大きな要因となっている。1990年代初頭に起ったバブル崩壊後,長引く不況下での成果・能力主義の台頭

*1　主な国の合計特殊出生率〔2015（平成27）年のOECD,厚生労働省の資料による〕
フランス：1.92
スウェーデン：1.85
アメリカ：1.84

は，高度経済成長期では当然とされていた終身雇用制度を崩壊させた。それと同時に，安い賃金での非正規雇用が拡大され，貧困・格差問題を深刻にしていった。また1980年代後半以降，「民営化」の波が子育てにも波及し，従来家族の子育てを支えてきた公的保障に代わって，企業化・営利化が進み，子育て支援が商品・サービスとして提供され始めた。子育て産業の拡大は，家族を消費者として飲み込む一方で，子育て共同体であった地域社会やコミュニティの衰弱を進行させていった。

厚生労働省が2012（平成24）年に発表したところによると，子どもの貧困（必要最低限の生活水準以下で暮らす子ども）が6人に1人と進み*2，ひとり親家庭の貧困率が54.6%と日本における貧困の実態が初めて明らかにされた。

一方で，女性の社会進出が進み，今まで家庭での仕事として，専業主婦が支えてきた家事，子育てにも様々な変化が生じてきた。揺れ動く家族・家庭の中で，児童虐待や家庭内暴力，登校拒否，ひきこもり，非行等々が深刻化し，家庭力が弱体化する傾向が目立っていることも見逃せない。

*2　厚生労働白書によると，2012（平成24）年の「子どもの貧困率」（17歳以下）は16.3%である。

2　日本の子育て支援システム

（1）子ども・子育て新システム

*3　核家族世帯とは，夫婦のみ，夫婦と未婚の子ども，父親か母親のどちらか一方と未婚の子どもからなる世帯のこと。2016（平成28）年では全世帯数4,995万世帯のうち，3,023万世帯（60.5%）を占める。
厚生労働省『国民生活基礎調査の概況』2017.

核家族世帯の増えた現代社会において*3，子どもを安心して産み，健全に育てることは多くの困難が伴う。前述したように，地域とのつながりは希薄化し，子育てへの不安感，孤立感が募り，出生率減少に歯止めがかからない深刻な状況となっている。こうした中，健全な子育てを実現可能にするために，子ども・子育て関連の制度・財源・給付を一元化した「子ども子育て新システム」が構築され，2012（平成24）年8月に，「子ども・子育て支援法」が成立した。同法の第1章第7条には，「子ども・子育て支援」の定義として，「全ての子どもの健やかな成長のために適切な環境が等しく確保されるよう，国若しくは地方公共団体又は地域における子育ての支援を行う者が実施する子ども及び子どもの保護者に対する支援」と明記されている。

子ども・子育て支援法

第1章　総則

（目的）

第1条　この法律は，我が国における急速な少子化の進行並びに地域を取り巻く環境の変化に鑑み，児童福祉法（昭和22年法律第164号）その他子どもに関する法律による施策と相まって，子ども・子育て支援給付，その他の子ども及び子どもを養育している者に必要な支援を行い，も

って一人一人の子どもが健やかに成長することができる社会の実現に寄与することを目的とする。

　同法が2015（平成27）年より本格的に施行されたことにより，「地域子ども・子育て支援事業」が始まり，乳幼児とその保護者が相互に交流を行う居場所づくりとして，多くの事業を生み出すこととなった。

　地域子ども・子育て支援事業[*4]は，子ども・子育て家庭等を対象とし，市区町村が主体となり，地域の実情に合わせて乳児家庭全戸訪問事業やファミリーサポートセンター事業等が実施されている。

（2）保育所・認定こども園における子育て支援

　保育所保育指針には，第4章で「子育て支援」として独立した章の中で詳しく述べられている。具体的には，① 保育所における子育て支援に関する基本的事項，② 保育所を利用している子どもの保護者に対する子育て支援，③ 地域の保護者等に対する子育て支援，の3項目に分けて保育士としての役割を明記している。保育所における子育て支援に関する基本的事項は以下の通りである。

保育所における子育て支援に関する基本的事項

（1）保育所の特性を生かした子育て支援
　ア　保護者に対する子育て支援を行う際には，各地域や家庭の実態等を踏まえるとともに，保護者の気持ちを受け止め，相互の信頼関係を基本に，保護者の自己決定を尊重すること。
　イ　保育及び子育てに関する知識や技術など，保育士等の専門性や，子どもが常に存在する環境など，保育所の特性を生かし，保護者が子どもの成長に気付き子育ての喜びを感じるように努めること。
（2）子育て支援に関して留意すべき事項
　ア　保護者に対する子育て支援における地域の関係機関等との連携及び協働を図り，保育所全体の体制構築に努めること。
　イ　子どもの利益に反しない限りにおいて，保護者や子どものプライバシーを保護し，知り得た秘密を保持すること。
（保育所保育指針　第4章 子育て支援 1保育所における子育て支援に関する基本的事項）

　幼保連携型認定こども園教育・保育要領には第4章で「子育て支援」として独立した章で述べられている。子育て支援全般に関わる事項については次頁の通りである。

*4　地域子ども・子育て支援事業
① 利用者支援事業
② 地域子育て支援拠点事業
③ 妊婦健康診査
④ 乳児家庭全戸訪問事業
⑤ 養育支援訪問事業，子どもを守る地域ネットワーク機能強化事業（その他要保護児童等の支援に関する事業）
⑥ 子育て短期支援事業
⑦ 子育て援助活動支援事業（ファミリー・サポート・センター事業）
⑧ 一時預かり事業
⑨ 延長保育事業
⑩ 病児保育事業
⑪ 放課後児童健全育成事業（放課後児童クラブ）
⑫ 実費徴収に係る補足給付を行う事業
⑬ 多様な主体が本制度に参入することを促進するための事業
　内閣府『地域子ども・子育て支援事業について』2015.

子育て支援全般に関わる事項

1　保護者に対する子育ての支援を行う際には，各地域や家庭の実態等を踏まえるとともに，保護者の気持ちを受け止め，相互の信頼関係を基本に，保護者の自己決定を尊重すること。

2　教育及び保育並びに子育ての支援に関する知識や技術など，保育教諭等の専門性や，園児が常に存在する環境など，幼保連携型認定こども園の特性を生かし，保護者が子どもの成長に気付き子育ての喜びを感じられるように努めること。

3　保護者に対する子育ての支援における地域の関係機関等との連携及び協働を図り，園全体の体制構築に努めること。

4　子どもの利益に反しない限りにおいて，保護者や子どものプライバシーを保護し，知り得た事柄の秘密を保持すること。

（幼保連携型認定こども園教育・保育要領　第4章　第1子育ての支援全般に関わる事項）

（3）地域子育て支援の実態

1）自治体における家庭支援・地域子育て支援

　　ここでは，具体的に東京都文京区で行われている子育て支援事業を取り上げ，その事業の詳細を紹介することとする。

文京区の子育て支援計画

　文京区の子育て支援計画（文京区次世代育成支援行動計画・文京区子ども・子育て支援事業計画　平成27年度から31年度までの5年間）

　〈計画の目的〉

　急速な少子化の進行や保護者の就労形態の多様化等，子どもと家庭を取り巻く環境が著しく変化していく中，保護者が子育てについての第一義的責任を果たせるよう，社会全体で支援していくことが必要となっています。このような基本的認識の下に，乳幼児期の教育・保育，地域の子ども・子育て支援を総合的に推進するため，平成24年8月に「子ども・子育て支援法」等の子ども・子育て関連3法が制定されました。

　これを受けて，文京区では，子育て支援施策の継続性とさらなる拡充が必要なことから，「子育て支援計画（平成29〜31年度）」を策定しました。この計画に基づき，子どもの健やかな成長の支援や地域社会全体で子どもを育む体制の構築などを推進し，地域の思いやりにあふれた「おせっかい」の輪の中で，みんなが楽しく育ち合えるまちを目指します。

　〈基本理念〉

　人間性の尊重，自立の支援，支え合い認め合う地域社会の実現，健康の保持・増進，区民参画及び協働の推進，男女平等参画の推進

　〈基本目標〉

●だれもが，いきいきと自分らしく，健康で自立した生活を営める地域社会を目指します。

●だれもが，住み慣れた地域で安心して暮らせるよう，必要な福祉保健サービスを自らの選

択により利用でき，互いに支え合う地域社会を目指します。

具体的な事業として，（ア）から（ク）までの内容を紹介する。

（ア）子育てひろば・子育てサロン

　保護者と就学前の乳幼児（主に0歳から2歳）が集う場所。専門指導員が常時勤務する中，絵本や玩具等が置かれていて，友達と一緒に安心して遊ぶことができる。保護者は同じ月年齢の子どもを持つ親同士の情報交換や交流ができ，イベント開催や随時の育児相談なども行われている。

（イ）児童館

　すべての子どもを対象とし，遊び及び生活の援助と地域における子育て支援を行う施設である。また地域の親子に開放し，安全な遊び場として提供していて，曜日，時間，内容は異なるが，親子の交流・親睦を目的としたプログラムも行われている。

（ウ）子どもの発達と教育相談

　子どもの心理，発達，運動機能等についての様々な心配事，悩みを専門職に相談できるサービス。相談の結果，必要に応じて通園や個別訓練の紹介を行う。

（エ）いきいきサービス（産前・産後家庭サービス）

　妊婦または3歳未満の乳幼児のいる家庭に，産前においては医師から要安静と診断された期間，家事等の援助を行う。

（オ）ショートステイ・トワイライトステイ事業

　保護者が病気や出産，就労等の理由により，一時的に乳幼児及び児童を自宅で保育することが困難になった場合に，区が指定する福祉施設において短期的に預かる事業。

（カ）ひとり親家庭に対するベビーシッター派遣事業

　ひとり親家庭を対象に，一時的な疾病や時間外勤務等，緊急または一時的な理由で児童の保育ができない時に指定した事業者のベビーシッターサービスを，所得に応じた負担額で利用できる事業。

（キ）ネウボラ事業

　妊娠生活，出産・子育ての準備に安心して臨めるよう，妊娠届け等の際に母子保健コーディネーター（保健師）がネウボラ面接（妊婦面接）を行い，継続した相談に応じている。また産前・産後サポート事業，産後ケア事業等を通じて，妊娠期から出産，子育て期にわたる切れ目ない支援を実施している。

　ネウボラ（Neuvola）とは，フィンランドの子育て支援制度で「アドバイスの場」を意味する。

（ク）その他

　乳児家庭の全戸訪問，病児・病後保育（保坂病児保育ルーム，順天堂病後児ルーム「みつばち」），ファミリー・サポート・センター，家庭的保育，一時預かり。

2）地域での実例

保育者（保育士，保育教諭をいう）は子育てに悩み，迷う保護者のパートナーとしての役割をもっているが，具体的にどのようにサポートしていけばいいのだろうか。I市が行っている子育て相談コーナーでの3つの事例を紹介したい。

事例7-1　地域での支援の実例

事例①

スーパーマーケットの中におむつ替えスペースと子育て相談コーナーを開設し，相談員（保育者）が相談を受けている。主な相談は，多くが深刻な相談というよりも，子どもや子育てに関する会話の中から相談に発展するパターンが多い。

相談対象の年齢層は，生後2か月から5歳くらいまでで，0，1歳代が多い。まれに深刻なケースの場合は相談機関につなげることもある。

事例②

夫婦で子育てに疲れたケースでは，相談員（保育者）は，夫婦にリフレッシュが必要と判断し，ショートステイ事業を紹介しパンフレットを渡したところ，後日，ショートステイ事業を利用するようになり，また，相談機関につなげることもできた。

事例③

無言で子どもに接している母親に対して，相談員（保育者）が子どもに積極的に話しかける等，接し方を見てもらいながら，「抱っこしてほしいのね」「楽しいね」「うれしいね」等の言葉がけが大切なことを伝えたり，雰囲気づくりのお手伝いをしたり，母親の気持ちに寄り添ったりする。

3）乳児院での子育て支援

乳児院でも虐待予防の一環として，子育て支援を行っているところがある。

横浜市の白百合ベビーホーム（社会福祉法人真生会）では，親子ひろば「にこにこパーク」のホームページで次のような呼びかけを行っている。

事例7-2

乳児院（白百合ベビーホーム）が地域の皆様に，集いのひろばを提供しています。「子育て」って親の思い通りにならないですよね。一人で悩むことはありませんか？　こんな時，人はどうしているのかなと思いませんか？　子育てはおかあさんだけの仕事ではありません。ご家庭で，地域で助け合って子育てを楽しんでみませんか。そんなお手伝いができればと考えて「ひろば」を開催することになりました。

「にこにこパーク」の理念・方針は，子どもの権利を保障することとして，
① 生きる権利，② 守られる権利，③ 成長する権利，④ 参加する権利の4つ
をあげている。

ここでは，10時から16時半まで，「遊びの時間」「お弁当の時間」等に区切
り，自由に参加できるようにしている。また，次のような様々な講習会も開催
しており，活発な参加，交流が行われている。

アタッチメント・ベビーマッサージ，ベビーヨガ，ママのためのヨガ教室，
離乳食試食会，リトミックひろば，英語で遊ぼう等。

3　子育て支援の連携法

（1）連絡帳の活用

1）連絡帳の役割

子どもを育てる体験の中で，初めて子どもの成長に関わる保護者（親）にと
っては，戸惑いや悩みも多い。最初から上手に子育てができるわけではなく，
親育ちという視点からも保育者による子育て支援が必要であろう。保護者の子
育てに一緒に立ち会うことで，保護者の子育てに付添い，保護者自身の育ちを
支援することにより，子どもが育つことを保障していくことに努めなければな
らない。

しかし，すべての保護者との直接的なコミュニケーションを日々密にしてい
くことは，個々の子どもの育ちにとって不可欠であるが，忙しい保護者とのコ
ミュニケーションの時間が日々たっぷりととれるわけではない。そこで子育て
を共有するひとつの手段として，連絡帳を活用することが多い。連絡帳では，
子どもが何をして遊んだか，食事，午睡についてどうだったか，誰に何を話し
たか等々，子どもの一日の生活の様子が保育者によって記録されている。保護
者はそれを読み，昼間の我が子の姿を想像し，保育者とともに子どもの成長を
喜び，子育ての疑問を節目節目で解決することにつながっていく。保護者から
の悩み，疑問を保育者が受け止め，共感しながら，寄り添うことで信頼関係を
構築することが大切である。

毎日，複数の人数分の連絡帳を書くことは，簡単な仕事ではないだけに，保
護者からの反応がないことに不満を感じたり，長文の返事に困惑したりする
等，連絡帳への悩みは尽きない。しかし，就学前施設と家庭を結ぶ連絡帳は，
子どもを共に育てる貴重なコミュニケーションツールとなる。短時間に誠実に
書くためのポイントを学び，練習を重ねてほしい。

2）連絡帳を書く際のポイント

　連絡帳は，就学前施設と家庭を結ぶ大切なメッセンジャー役を担っている。昼間の就学前施設での子どもの様子や家庭での子どもの姿を相互に共有でき，悩みや喜びを伝え合うことができるからである。

　０〜３歳未満の子どもは，体調の変化が激しく，言葉で自分の意思を十分伝えられないため，保護者への連絡は健康や体調の伝達が第一の目的となる。「体温」「睡眠」「排便」「食事」の項目は，毎日記入できるよう０・１・２歳児用の連絡帳を工夫し，書きやすいように配慮する。

〔連絡帳を書くことの長所〕

① 　送迎時に話そうとしても，混雑していてゆっくり話せない場合，連絡帳を利用することでしっかり対応できる。

② 　話しにくいことも連絡帳なら気楽に書ける。

③ 　書いたことにより子どもの成長の様子が記録として残る。

④ 　連絡帳を通して，保護者と担任保育者の間に信頼関係が築かれる。

〔書く時の配慮点〕

① 　一担任としての立場だけでなく，園を代表して書くという認識をもつ。

② 　忙しい中，苦労して書いてくださったことに対して保護者へ感謝の気持ちを伝える。

③ 　保護者の気持ちを受け止めるとともに，保護者によって記述内容への受け止め方が違うことも注意する。

④ 　具体的なイメージがわくような表現を心がける。

⑤ 　複雑で難しい質問については即答せず，必ず上司の指示を仰ぐ。

⑥ 　他の子の個人名を出さない。

⑦ 　他の子と比較しない。

⑧ 　肯定的な表現を使う。

⑨ 　子どもの最善の利益と守秘義務を第一に考える。

〔書き方のマナー〕

① 　丁寧な文字で書く。

② 　連絡文に間違った漢字，誤字がないように辞書で確認する。

③ 　名前は間違えない

④ 　敬語や文法を正しく使う。

⑤ 　文字の濃さ，字配り，文字の配置等に注意する。

⑥ 　最後に読み返し，推敲する。

〔連絡帳の注意点〕[1]

　子どもの困った行動について，原因や背景を無視して一方的に責任を家庭に転嫁するような書き方は保護者との信頼関係を損ねる。

　例　「Aちゃんが○○○（困った行動）なので，家庭では○○○するようにし

1）　ユーキャン学び出版スマイル保育研究会『悩まず書ける！ 連絡帳の文例集』ユーキャン学び出版，2011，pp.18-19，pp.48-49

て下さい」

　子ども同士の関係やトラブルについては文章だと誤解を生みやすいので，できるかぎり口頭で伝える。

（2）わらべうたの活用

　わらべうたは，保護者が子どもをあやしたり，育てたりする際に伝承してきた「あそばせ遊び」と子ども同士で遊んできた「遊び歌」がある。「あそばせ歌」には，子守唄をはじめ，あやし歌，唱え歌，数え歌，はやし歌等があるが，どれも耳に心地よい，子どもとの絆をつくる歌といえる。子育て支援には，保護者との連携が欠かせないが，こうした児童文化を保護者に伝えていくことも保育者としての大切な仕事である。できるだけ，多くのレパートリーを身につけ，年齢や場面ごとに伝えていきたい。ここでは，「いない　いない　ばあ」と「いちり　にり　さんり　しりしりしり」「このこ　どこのこ　かっちんこ」を紹介しておくこととする。

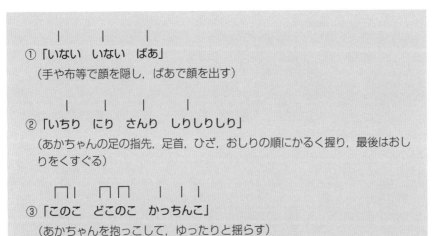

① 「いない　いない　ばあ」
　（手や布等で顔を隠し，ばあで顔を出す）

② 「いちり　にり　さんり　しりしりしり」
　（あかちゃんの足の指先，足首，ひざ，おしりの順にかるく握り，最後はおしりをくすぐる）

③ 「このこ　どこのこ　かっちんこ」
　（あかちゃんを抱っこして，ゆったりと揺らす）

図7-1　様々なわらべうた

絵本例1　しろ，あか，きいろ
　ディック ブルーナ作・絵，石井桃子訳。福音館書店，1984.

（3）絵本の活用

　わらべうたと同様，絵本も子育てには不可欠な児童文化である。特に乳児では，絵本は読んでもらうことによって，身近な大人からの愛情を受け取ることになる。何度も同じ絵本を読んでと繰り返す乳児に，根気よく読み聞かせを行うことが，愛着形成にもつながる。保育者は，読み聞かせの重要性を保護者に伝えたい。赤ちゃん絵本の出版点数は近年増加しているが，次頁（表7-1）の推薦絵本を読み，保護者にも伝え，家庭での読み聞かせを推奨したい。

絵本例2　だるまさんが
　かがくいひろし作，ブロンズ新社，2008.

表7－1　絵本例

書名	作	翻訳	絵	出版社	出版年
どうぶつのおやこ	薮内正幸			福音館書店	1966
しろくまちゃんの ほっとけーき	わかやまけん			こぐま社	1972
もこもこもこ	谷川俊太郎		本永定正	福音館書店	1977
くだもの	ひらやまかずこ			福音館書店	1981
きんぎょが　にげた	五味太郎			福音館書店	1982
じゃあじゃあびりびり	まついのりこ			偕成社	1983
しろ，あか，きいろ	ディック　ブルーナ	石井桃子	ディック　ブルーナ	福音館書店	1984
あがりめさがりめ	ましませつこ			こぐま社	1994
くっついた	三浦太郎			こぐま社	2005
だるまさんが	かがくいひろし			ブロンズ新社	2008

●ふりかえりシート

課題1：以下の条件に基づいて，保育者として1歳児の連絡ノートを書いてみよう。

〇月〇日（火）

給　食：3分の1くらい残した

午　睡：午後1時から1時間

排　便：1回　少し軟らかめ

持たせてほしい物：汚れてもいい長袖のシャツ

〇月〇日（火）		検温　36.0℃	睡眠　　20：00〜7：00　（11時間）	
家族からの連絡	健康状態	入浴	あり・なし	
		夕食	ご飯，けんちん汁，白身魚，リンゴ	
		朝食	納豆ご飯，野菜のスープ，目玉焼き	
	普通	排便	夜　あり・なし　　朝　あり・なし	
	その他	連絡事項 　昨晩は，昼間に祖父母がきて遊んでもらったため，少し興奮していたが，いつものように絵本を読むとすぐ眠りました。食欲もあり，完食でした。		
〇月〇日（火）		給食　　完食・少し残した・たくさん残した		
園からの連絡		午睡　　　：　〜　：　（　時間　分）		
		排便　　あり・なし（普通　その他）		
	持たせてほしい物	連絡事項		

コラム　　　アタッチメントとベビーマッサージ

　人間の赤ちゃんは，他の哺乳類に比べて未熟な状態で生まれくる。動物学者のポルトマンは，他の動物に比べて長い養育期に様々な社会的学習ができ，大きな進歩を遂げてきたと述べている[1]。その学習の中でも最も重要なのが，アタッチメント（愛着）形成である。アタッチメントとは，赤ちゃんが母親や身近な大人との信頼関係や絆を結び，その後の対人関係においての土台づくりに大きな影響を及ぼす。また，安定した養育者との関係は，生涯にわたっての自己肯定感を育む基礎になるとの報告もある。

　本能的にアタッチメントを求めている赤ちゃんには，生まれつき，おっぱいを吸ったり，ギュッとしがみついたり，じっと顔を見るという習性がある。養育者が安全で安定した「愛着基地」となるためには，様々な方法がある。スキンシップをしたり，わらべうたで遊んだり，絵本を読み聞かせたり，日常的にできることも多いが，近年，子育て支援の中で「ベビーマッサージ」が人気を集めている。

　ベビーマッサージとは，日本でも「赤ちゃん按摩」なるものがあったのだが，現代の育児法では，「肌は第二の脳」として，肌刺激が親子の心を結びつけることに注目が集まっている。

　例えば，ウガンダでは伝統的にベビーマッサージを行い，子どもをかわいがる風習があり，情緒が安定するだけでなく，運動能力等の発達の促進にも効果が認められている[2]。欧米でも1970年代よりベビーマッサージの研究所があちこちに作られ，その元となっているのは，アフリカやインドの伝統的なマッサージである。

　日本では，日本アタッチメント育児協会をはじめ，様々なベビーマッサージを普及する団体が生まれ，今やベビーマッサージは全国に広がっている。病院や助産院，児童館や子育て支援事業所等で，母親だけでなく，父親や祖父母が赤ちゃんを連れて，ベビーマッサージ教室を体験できる機会も増えてきている。

＊1　アドルフ ポルトマン『人間はどこまで動物か―新しい人間像のために』岩波新書，1961.

＊2　Geber, M., The psycho-motor development of African children in the first year, and the influence of maternal behavior, *Journal of Social Psychology*, Vol.47, Issue 2, 1958.

写真7－1　ベビーマッサージ

第8章 食事の計画，提供及び評価・改善

この章では，冷凍・冷蔵母乳の取り扱いと食物アレルギーについて学ぶ。

冷凍・冷蔵母乳の取り扱いは，感染予防と保存の温度・時間に注意を払う。また，解凍する場合は流水で自然解凍をして適温にしてから提供する。

食物アレルギーの診断は食物負荷試験が基本である。就学前施設（保育所，認定こども園をいう）においては，原因食物の「完全（100%）除去」をする，または，耐性獲得をして一般の子どもと同じ食物が食べられるようになった場合は，「（完全）解除」をするかは適宜対応していく。

1 冷凍・冷蔵母乳の取り扱いについて

母乳は栄養バランスがよく，消化・吸収がよいため，乳児にとって胃腸，肝臓，腎臓への負担が少ない。人工栄養（以下，ミルクという）との大きな違いとして，母乳には免疫成分が含まれ感染防御作用があり，腸内細菌叢（腸内の多種多様な細菌の集合）はビフィズス菌が優勢となり便通を良くする，スキンシップによる母子相互作用が得られ母子の愛着形成につながる等の効果がある。

乳児にとって良い効果をもたらす母乳であるが，母親により産後休暇8週間または数か月後に職場復帰[*1]をする等，様々な理由から直接的に母乳を与えられない場合がある。働きながらの母乳育児は，母親の工夫，そして周囲の協力が必要である。ぜひとも，母乳育児を継続していきたいという母親の気持ちをくみ，その実現に向けた環境づくりに一翼を担うのも保育者（保育士，保育教諭をいう）の役割でもある。

乳児に直接授乳できない場合は，母乳を搾り（以下，搾乳という，搾乳は手で行う場合と搾乳器を使用する場合がある），保存し，哺乳瓶を介して授乳する方法がある。その時に使用するものが，母乳バッグ[*2]である。

*1 労働基準法第67条では育児時間について「生後満1年に達しない生児を育てる女性は，第34条の休憩時間のほか，1日2回各々少なくとも30分，その生児を育てるための時間を請求することができる」とある。

*2 **母乳バッグ**
乳児が直接乳首に吸いつけない場合や乳児が何らかの理由で入院して母子分離を余儀なくされている場合等にも使われる。

（1）冷凍・冷蔵母乳の保存方法

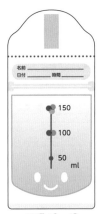

母乳バッグ

搾乳した母乳は，直接その場で飲ませる方法と冷凍・冷蔵保存する場合がある。母親は手を石鹸と流水できれいに洗い，感染予防のため消毒した哺乳瓶に搾乳をする。搾乳した母乳が入っている哺乳瓶から母乳バッグに移しかえる。その後，母乳バッグの空気を抜き，上部を折り返して接着する。搾乳した日付・時間等が一目でわかるように，付属のシールに必要事項を記入し，母乳バッグに貼る。母乳バッグはビニール袋に入れ，ひとまとめにして冷凍庫で保管する。

推奨される母乳の保存期間は，室温20℃の場合は4時間である。冷蔵庫に保管した場合の目安は，搾乳したばかりの母乳は72時間，解凍した母乳は24時間，2ドア冷蔵庫冷凍室（-20℃）の場合は3～6か月，クーラーボックス（15℃）の場合は24時間である。これは，健康な乳児に与える冷凍・冷蔵母乳の保存方法の目安[1]である。

1)　柳澤正義監修『授乳・離乳の支援ガイド実践の手引き』財団法人母子衛生研究会,2008, p.58.

冷凍母乳を保存する専用バッグは，長期に保管をすることを考慮して，「乳及び乳製品の成分規格等に関する省令適合品」の規格を満たしているものを選ぶ方がよい。母乳バッグには，50cc，100cc，200cc用がある。その用途に合わせて選択することもできるが，就学前施設に持って行く場合は200cc用が便利である。

冷凍した母乳を運ぶ場合は，搾乳後24時間以内に冷凍したものを保冷シート等に包み，凍ったまま運ぶ。または，クーラーボックスに保冷剤を入れ，冷却した状況下で冷凍母乳を入れて運ぶ。

（2）冷凍母乳の解凍方法

冷凍母乳を解凍する場合は，母乳バッグより大きめの容器に水をはり，そこに母乳バッグを入れ，流水につける。水は2～3回取り替える。この時，早く解凍しようとして，熱湯や電子レンジを使用しないようにする。その理由は，加熱により母乳中の免疫成分が壊れてしまうためである。

解凍したら，母乳バッグの下に切り込みを入れ哺乳瓶に移す。40℃前後のお湯を用意して湯煎にかけ，人肌程度に温める。必ず，前腕の内側[*3]に母乳をたらして，温度を確かめるようにする。飲み残しは，病原菌の繁殖による感染のリスクを避けるため，取り置きせずに必ず処分をする。

＊3　前腕の内側は温度に敏感な部分である。

（3）授乳後に気をつけたい誤嚥について

誤嚥とは，食物・唾液が口腔から咽頭，食道を通り胃に入るものが，何らか

の理由で誤って気管に入ってしまうことをいう。誤嚥は肺炎や窒息の原因ともなる。誤嚥が起きると咳き込みやむせりの症状が起きる。

　母乳やミルクを飲む際に，空気が鼻から胃に入るため，授乳後そのまま横にして寝かせてしまうと，排気*4とともに嘔吐したり誤嚥したりするおそれがある。排気が十分でない場合は特に配慮が必要となる（図8-1）。

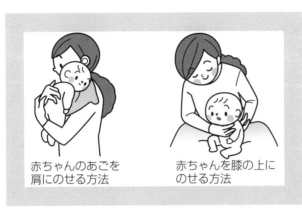

赤ちゃんのあごを
肩にのせる方法

赤ちゃんを膝の上に
のせる方法

図8-1　排気の方法

1）排気が十分でない場合の対処法

　排気が十分でない場合は，① 乳児の上半身をやや挙上し，顔を横に向ける。顔を横に向けておくと，寝かせた後に排気と同時に，胃内にある母乳やミルクを吐いても誤嚥の防止を図ることができる。② 乳児の背中に丸めたタオルをあてて，右側臥位（右側を向け横向きに寝かせた姿勢）で寝かせる。この時も，顔を横に向ける。

　右側臥位は，母乳・ミルクの消化を促し，嘔吐時の誤嚥を防ぐ。吐物を誤嚥しないように乳児の寝ている姿勢を整えることも大切である。窒息の事故予防のためにも，乳児の周囲に顔を覆うような物を置かないようにする。

　もし，乳児が吐き気を催すような様子がみられたら，すぐに乳児を抱き上げ排気させる。溢乳（授乳後に体を動かしたとき等に，口の中から母乳・ミルクを出すこと）や吐乳がみられた時も，すぐに乳児の顔を横に向けて体を横向きにするか，抱き上げて，吐き気・嘔吐が落ちつくまで様子を観察する。

2　乳幼児と食物アレルギー

　子どもにとって就学前施設は「生活の場」であり，子どもの発育・発達過程に応じた計画的な食事を提供*5及び食育をする場である。子どもは，愛情ある

*4　**排　気**
　排気をする時は保育者の肩にガーゼやハンカチ・タオル等を置き，乳児のあごをのせて，乳児の上半身を立てて静かに背中を上に向けてさすり，排気を促す。乳児の顔が見えず不安な場合は，保護者の膝の上に乳児を腰かけさせて，首を支えて，背中をさする方法もある。空気は軽いため，乳児の上半身を立て背中をこすることで排気がしやすくなる。

*5　厚生労働省『保育所における食事の提供ガイドライン』(2012年）には食事の提供の意義，食事の提供の具体的なあり方等について書かれている。

受容的・応答的な大人との関わりの中で，様々な食材に触れ，五感を豊かにし味覚・嗜好の基礎がつくられる。それは，その後の食習慣に影響を与えるものである。そして，乳児期は人格形成の基礎をつくる時期でもあり，食事のおいしさを感じさせる香りや音等は子どもの感性を育て，育ちを豊かにする。食物アレルギーの子どもに対しても，安全確保をしながら健康の保持・増進及び食育を進めていくことは重要である。

「保育所保育指針 第3章 健康及び安全 2 食育の推進*6」において，「体調不良，食物アレルギー，障害のある子どもなど，一人一人の子どもの心身の状態等に応じ，嘱託医，かかりつけ医等の指示や協力の下に適切に対応すること。栄養士が配置されている場合は，専門性を生かした対応を図ること」と記されている。保育者をはじめとした職員がそれぞれの専門性を生かし，医師（嘱託医，学校医，かかりつけ医，専門医のことをいう）や医療機関と連携を図りながらアレルギーに対応した食事を提供していかなければならない。

就学前施設の給食*7は，子どもの心身の状態及び発達過程に応じた安心・安全な食事を楽しくおいしく食べられるようにすることが大切である。それには，離乳食において基本的に初めて食べる食物がないように，保護者と情報共有をしておくことが必要である。

また，就学前施設内で食物アレルギーの発症をなくすことも大切であるが，子どもが健全に発育・発達していくためには，不必要な食事制限による栄養の偏りをなくしていかなければならない。除去食を行う場合，栄養の偏りや不足がないように，医師の指導を受けながら，生活管理指導表*8に基づき関係職員と保護者は話し合いをしていくことが必要である。

食物アレルギーの血液検査（IgE抗体検査）だけで診断するのではなく，食物負荷試験*9等，専門的な検査結果をみて総合的に医師が診断する。

そして，保護者，医師，施設の全職員の間で相談しながら適切な対応をしていくことが重要である。さらに緊急で対応する医療機関とは事前に十分に連携・相談しながら適切な対応をしていくことが必要である。

（1）食物アレルギーとは

食物アレルギーとは「特定の食物を摂取した後にアレルギー反応を介して皮膚・呼吸器・消化器あるいは全身性に生じる症状のこと2)」と定義されている。アナフィラキシーは「アレルギー反応により，蕁麻疹などの皮膚症状，腹痛や嘔吐などの消化器症状，ゼーゼー，息苦しさなどの呼吸器症状が，複数同時にかつ急激に出現した状態」をいい，「その中でも，血圧が低下し意識レベルの低下や脱力を来すような場合を，特にアナフィラキシーショックと呼び，直ち

*6　『幼保連携型認定こども園教育・保育要領』の「第3章 健康及び安全 2食育の推進」においても同様の内容が書かれている。

*7　就学前施設の給食
食物の種類（乳汁・離乳食・幼児食）や提供回数（午前と午後のおやつ・昼食・補食等）が多い。また，離乳食を開始したばかりの乳児にとっては，まだ食べた経験のない食物が多い。

*8　生活管理指導表
厚生労働省のホームページからダウンロードできる。乳幼児期は成長過程に変化があるため，年1回の更新を基本として，子どもが診断を受け，保護者に就学前施設へ提出してもらうようにする。生活管理指導表は子どもの重要な個人情報であるため，施設の職員以外に情報が漏れないように注意する。

表8－1　食物アレルギーの症状

皮膚粘膜症状	皮膚症状：痒み，蕁麻疹，赤み，むくみ，湿疹（乳児期を中心に） 眼症状：結膜の充血・浮腫，まぶたが腫れる，痒み，流涙
消化器症状	腹痛，悪心，嘔吐，下痢，血便（血液が混じった便）
呼吸器症状	くしゃみ，鼻水・鼻閉，呼吸困難（呼吸がしにくい），咳，喘鳴（ゼーゼー・ヒューヒューという呼吸音を発すること）
全身症状	アナフィラキシー：皮膚・呼吸器・消化器等のいくつかの症状が重なる状態 アナフィラキシーショック：脈拍が速い，ぐったりして意識がない，血圧低下，唇や爪が青白い，脈拍が触れにくい・不規則，尿や便を漏らす

出典：厚生労働省『保育所におけるアレルギー対応ガイドライン2012年改訂版』2012，pp.55-56を基に筆者作成

に対応しないと生命にかかわる重篤な状態を意味する[3]」と定義されている。

　アナフィラキシーショックは，アナフィラキシーという病態の中で重篤な病態に陥っていることであり，死に至らしめる可能性のある病態である。

　就学前施設で起こるアナフィラキシーの原因の多くは食物アレルギーであるが，その他に，医薬品，ラテックス（天然ゴム），昆虫刺傷等も原因としてあげられる。

（2）食物アレルギーの症状

　食物アレルギーの症状は，原因食物を摂取後に，アレルギー反応を介して皮膚・粘膜・呼吸器・消化器，更に全身に広がる。最も多い症状は皮膚・粘膜症状である（表8－1）。

（3）乳幼児の食物アレルギー

　乳幼児期に食物アレルギーを発症する主要な原因食品は，鶏卵，牛乳，小麦である。その他にピーナッツ，大豆，そば，ゴマ，甲殻類（エビ・カニ）等がある。一般に鶏卵・牛乳・小麦は，3歳までに約5割，6歳までに約8～9割が食べられるようになる[4]。乳児期に発症した食物アレルギーの多くは，年齢が上がるにつれてアレルギー耐性を獲得するので，食べられなかった食品が食べられるようになる（耐性獲得）。

　IgE抗体検査（血液検査）[*10]で，スコアが高くても食物アレルギーの症状がでない場合もある。食物アレルギーの診断は「食物負荷試験」が基本である。これは専門医のもとで定期的に試験を行い「必要最小限の除去」となるようにする。

　食物アレルギーのある子どもは，保護者からの申出書及び生活管理指導表[*11]

＊9　食物負荷試験

　原因食物と考えられている食物を試験的に摂取して症状が現れるかどうかをみる試験である。食物アレルギーについての医師による診断の強い根拠となる。試験後1年以上経過した原因食物の食物負荷試験の結果は信頼性が高いとはいえず，食べられるようになっている可能性があるため医師に相談する。

2）厚生労働省『保育所におけるアレルギー対応ガイドライン（2012年改訂版）』2012，p.32.

3）厚生労働省『保育所におけるアレルギー対応ガイドライン（2012年改訂版）』2012，p.33.

4）厚生労働省『保育所におけるアレルギー対応ガイドライン（2012年改訂版）』2012，p.41.

＊10　IgE抗体検査（血液検査）

　検査結果が陽性の場合，その結果だけで，食物アレルギーを正しく診断することはできない。結果が陽性の場合は「食べられない可能性が高く」，陰性の場合は「食べられる可能性が高い」ことを意味している。乳児アトピー性皮膚炎では食物

（医師の診断書）に基づき食物アレルギー対応食の献立を作成する。食物除去の申請には，医師の診断に基づいた診断書が必要であり，それは年1回更新する。

『食物アレルギー診療ガイドライン2016[5]』によると，食物アレルギー予防のために妊娠中及び授乳中に母親が食物除去を行うことは，子どもの乳児期以降のアレルギー疾患の発症率に関与していないという報告が多く，予防策として食物除去は勧められないとされている。また，食物アレルギーを心配して離乳食を遅らせることも推奨されていない。

（4）食物アレルギーの病型

食物アレルギーの病型をまとめると表8-2のようになる。

表8-2　食物アレルギーの病型

	臨床型	発症年齢	頻度の高い食物	耐性の獲得（寛解）	アナフィラキシーショックの可能性	食物アレルギーの機序[注2]
	新生児消化器症状	新生児期	牛乳（育児用粉乳）	（＋）	（±）	主にIgE非依存型
	食物アレルギーの関与する乳児アトピー性皮膚炎[注1]	乳児期	鶏卵，牛乳，小麦，大豆など	多くは（＋）	（＋）	主にIgE依存型
	即時型症状（じんましん，アナフィラキシーなど）	乳児期～成人期	乳児～幼児：鶏卵，牛乳，小麦，そば，魚類など　学童～成人：甲殻類，魚類，小麦，果物類，そば，ピーナッツなど	鶏卵，牛乳，小麦，大豆など（＋）その他の多く（±）	（＋＋）	IgE依存型
特殊型	食物依存性運動誘発アナフィラキシー（FEIAn/FDEIA）	学童期～成人期	小麦，エビ，イカなど	（±）	（＋＋＋）	IgE依存型
	口腔アレルギー症候群（OAS）	幼児期～成人期	果物・野菜など	（±）	（＋）	IgE依存型

注1）慢性の下痢などの消化器症状，低タンパク血症を合併する例もある。
　　　全ての乳児アトピー性皮膚炎に食物が関与しているわけではない。
注2）機序：仕組み，メカニズム
　　　出典：厚生労働省『保育所におけるアレルギー対応ガイドライン（2012年改訂版）』2012，p.56.

1）食物アレルギーの関与する乳児アトピー性皮膚炎

乳幼児の食物アレルギーの約9割は，乳児アトピー性皮膚炎を合併して発症

負荷試験が実施できないような状況であるため，IgE抗体の感作だけで除去している事例も多い。

＊11　「生活管理指導表」だけでなく「緊急時個別対応票」「経過記録票」を厚生労働省ホームページからダウンロードできる。緊急時に保育者が救急車に同乗する時は子どもの保険証の写しや財布，携帯電話，子どもの情報が書かれてある書類一式も持参するとよい。

5）日本小児アレルギー学会『食物アレルギー診療ガイドライン2016』，協和企画，2016，pp.51-52.

している[6]。また，年齢とともに喘息・アレルギー性鼻炎・結膜炎等の症状が次々と出現することが多い。これをアレルギーマーチとよぶ。

食物アレルギーの関与するアトピー性皮膚炎としての症状は，顔面に多く現れ，首，耳周り，肘の内側，膝の裏側にも出る。よだれが多くみられる時期は，特に口の周りやあご周辺に湿潤性（しめりけが多い）の湿疹を認める。しかし，乳児期には湿疹が顔面にある乳児が多く，慢性に経過する痒みのある湿疹の中から，食物アレルギーが関与している湿疹を見極める必要がある。アトピー性皮膚炎[*12]の乳児は，湿疹部の皮膚バリア機能[*13]の低下があり，日常生活の食物アレルゲンの経皮感作が起こりやすい状態にある。

アトピー性皮膚炎の多くは，年齢に伴い寛解，軽減または消失していく。しかし，離乳食を始める頃になると，食物アレルギーの関与する乳児アトピー性皮膚炎から即時型（次項に詳述）に移行する例が多いため注意を要する[*14]。家庭で食べたことがない食物は，原則として就学前施設では提供しない。

2）即時型食物アレルギー

即時型は，子どもが原因食物を食べて，2時間以内に症状が出現する。実際に起きた例として，こぼした牛乳に手が触れ，その手で食べ物を口に入れ発症した事例や，鶏卵の入ったドレッシングを触った箸で食べ物を与えたところ発症した事例もある。即時型は明らかに誤食をしたという原因から起きる事例ばかりではなく，予期せぬ状況から進行して起きることもあるため，注意を要する。即時型の原因食物は鶏卵が最も多く，次に牛乳，小麦がある。原因食品を摂取後，直後から数分で起こる症状を見逃さないようにする。

原因食物に接触した部位に発赤（赤くなる）・腫脹（はれる），かゆみが出る，または，急に元気がなくなる，咳込む，腹痛等の症状が出てくる。症状が進むとアナフィラキシーショックへと進行していく。

3）その他の病型

就学前施設に通う子どものアレルギー疾患として，次の3つを説明する。

① **新生児消化器症状**：これは，新生児期や乳児期早期に発症する消化器症状を主とする食物アレルギーであり，主に乳児がIgE非依存型である。まれに生後3か月以降にも認められることがある。ミルク及び母乳を飲み，血便・嘔吐・下痢等の消化器症状[*15]が起こる。この多くがミルク（主に牛乳由来の粉ミルクに含まれている牛乳タンパク質[*16]が原因）で発症するが，母乳の場合もある。このような場合は高度加水分解乳，アミノ酸調整乳，あるいは医薬品である成分栄養剤を使用する。予後は良好であり，1歳で半

6）厚生労働省『保育所におけるアレルギー対応ガイドライン（2012年改訂版）』2012, p54.

*12　アトピー性皮膚炎発症のリスクが高い子どもに対して，新生児期から保湿剤でスキンケアを行うことでアトピー性皮膚炎を予防できる可能性が示唆されているが,食物アレルギー発症予防効果は証明されていない。

*13　**皮膚バリア機能**
皮膚は様々な刺激や有害物質が体内に入ってくることや体内の水分が蒸発することを防いでいる。この働きを皮膚バリア機能という。

*14　食物アレルギーに対する不安が強い場合は小児科医・アレルギー専門医に相談する。

*15　消化器症状の他に，湿疹や蕁麻疹がでる場合もある。乳児は痒みがある時にはぐずり，体を頻繁に動かすしぐさをする。

*16　**牛乳タンパク質**
「カゼイン」というタンパク質である。母乳にもカゼインが含まれているが，牛乳より物質が小さく吸収しやすくなっている。

7）日本小児アレルギー学会『食物アレルギー診療ガイドライン2016』，協和企画，2016，pp.158-159.

＊17　初期対応
　初動として呼吸をしているか，心臓は動いているか，呼びかけに反応するか，吐いた物がのどに詰まっていないかを確認する。

＊18　エピペン
　アドレナリン（副腎髄質から分泌されるホルモン）自己注射薬である。作用は①強心作用（心臓の働きを強める），②呼吸器の拡張作用（気管・気管支を拡張），③血圧上昇等がある。注射部位は大腿外側広筋に注射をする。剤形は2種類あり，0.15mg製剤と0.3mg製剤がある。「エピペン0.15mg」は体重15kg以上30kg未満の子どもを対象として処方される。禁忌もあるので，医師に予め確認しておく。

＊19　AED
　Automated External Defibrillatorの略。自動体外式除細動器のことである。心臓が細かくふるえて血液を全身に流す機能が消失した状態（死に至らしめる重症の不整脈）時に，

数以上，2歳で9割前後が耐性を獲得するといわれている[7]。

② **口腔アレルギー症候群**：子どもが原因食物を食べた後，5分以内に口唇・口腔（口の中・のど）に，のどの痒み，ヒリヒリ感，イガイガ感，腫れぼったさ等の症状が現れる。果物や野菜が原因食物であることが多い。多くは粘膜の症状であることが多いが，全身症状に進むこともあるため注意が必要である。

③ **食物依存性運動誘発アナフィラキシー**：原因食物を食べて2時間以内に激しい運動をすることで，アナフィラキシーショックを起こす。原因食物は小麦，甲殻類が多い。しかし，発症すると呼吸困難やショック症状の重篤な症状に至るため注意が必要である。

（5）アナフィラキシーショックへの対処法

保育者は食物アレルギーの子どもがアナフィラキシーショックを発症させない配慮は必要である。しかし，万が一子どもが食物アレルギー症状を起こした場合は，その症状に合わせた適切で迅速な対応をしていかなければならない。

1）第1段階（初期対応）

保育者は子どものアナフィラキシーショックの症状（皮膚が赤くなる，息苦しくなる，激しい嘔吐，血圧降下，意識低下等，表8-3）に気づいたら初期対応[＊17]をすると同時に，近くにいる職員を集め（人員確保），施設長と協議を開始する。内服薬・アドレナリン自己注射薬（以下，エピペン）[＊18]・AED[＊19]を持ってくる。アナフィラキシー症状やショック症状を起こした子どもが動き回らないように注意する。

〔対処法〕
① 原因食物が子どもの皮膚に付着した場合は洗い流す。子どもが原因食物を触った手で眼をこすったりしないようにする。
② 眼症状（痒み・充血・むくみ等）が起きた場合，洗眼後に抗アレルギー薬（ステロイド等）があれば点眼する。
③ 子どもが食物アレルギーの原因食物を口に入れた場合は，口から出させたり，吐かせたり，口をすすがせる。
④ 内服薬・エピペン・AEDは症状に合わせて使用する（自発呼吸がない場合は胸骨圧迫，人工呼吸，AEDの使用）。

意識が少しでもある場合は，適切な場所で嘔吐による窒息を予防するために横向きにして寝かせる。意識がない場合は，子どもを仰向けにして寝かせるか，血圧低下が疑われる場合は頭より足を高く上げた姿勢で寝かせる。意識状

態・呼吸・脈拍・皮膚色等の状態観察と状況の把握は継続して実施する。呼吸が苦しい時は少し上半身を起こす。嘔吐している時は顔を横に向ける。

　保育所においてはアナフィラキシー等の重篤な反応が起きた場合には，速やかに医療機関に救急搬送することが基本である。しかし，時間的猶予がない場合は，緊急避難として対応することが求められる。

　エピペンの処方を受けて，就学前施設で預かっている場合は，適切なタイミングでエピペン注射[20]をする。本薬はアナフィラキシー症状に対する補助治療薬なので，症状の改善がみられても，必ず救急搬送し医療機関を受診する。

　日本小児アレルギー学会（一般向けエピペンの適応）は「エピペンが処方されている患者（子ども）でアナフィラキシーショックを疑う場合，下記の症状（表8-3）が1つでもあれば，アドレナリン自己注射薬（エピペン）を使用すべきである[21]」としている。

表8-3　緊急性が高いアレルギー症状

全身の症状	呼吸器の症状	消化器の症状
ぐったりしている 意識がもうろうとしている 尿や便を漏らす 脈を触れにくい・不規則 唇や爪が青白い	のどや胸が締め付けられる 声がかすれる 犬が吠えるような咳 息がしにくい 持続する強い咳込み ゼーゼーする呼吸	持続する強い（がまんできない）おなかの痛み 繰り返し吐き続ける

出典）日本小児アレルギー学会『食物アレルギー診療ガイドライン2016』，協和企画，2016，p.172.

2）第2段階（役割分担・応援体制の整備・症状に応じた対応）

　施設長はリーダーとして，迅速な対応・指揮をとる。施設長が不在の時は，それに準ずる役割の施設の職員が担当する。

　状況把握，状態観察，症状への対応，救急車要請・医療機関への連絡，保護者への連絡，保育者または栄養士等・調理員に対して，調理・配膳・食事時におけるミスの有無を確認する。「生活管理指導表」「緊急時個別対応票」「経過記録票」を活用して適切に対応する。

　救急車要請をする場合[22]に伝える内容は，「いつ」「どこで」「誰が」「何があったのか（現在の状態や症状）」を伝える[23]。救急隊や保護者に連絡する時は憶測や推測を加えず，落ち着いて事実を正確に伝えることが大切である。救急車が到着したら，経過記録票を活用して，今までの状況報告を行う。緊急時に搬送できる医療機関があれば，その情報も連絡する。

　救急搬送時に同乗する場合には，事情がわかる職員が同乗[24]する。保護者へは，アナフィラキシーショックが発症した事実，救急車搬送をすること，内

電気ショックを与えて正常なリズムに戻す医療機器。

*20　エピペン注射をして症状が改善後に再燃することもある。

*21　『保育所におけるアレルギー対応ガイドライン（2012年改訂版）』ではエピペン投与のタイミングについて「アナフィラキシーショックに陥ってからではなく，その前段階（プレショック症状）で投与できた方が効果的である。具体的には，頻発する咳，喘鳴（ゼーゼー）や呼吸困難などが該当する」（p.58）とされている。日本小児アレルギー学会の見解は表8-3の通りである。日本小児アレルギー学会『食物アレルギー診療ガイドライン2016』pp.172-173に詳しい。

*22　例）「救急です」「○時○分ごろ○市○丁目の○○園で○歳の男の子が牛乳を飲んでから喘鳴を起こしぐったりしています。現在，意識はあります」エピペン接種の有無，連絡している保育者の名前・所在地・連絡先の電話番号を伝え救急車が到着するまでの応急処置をきく。救急隊

服薬またはエピペンの使用の有無，救急搬送先を連絡する。

（6）食物アレルギーの医療機関との連携

　施設の職員・保護者・医師・医療機関が共通認識の下，就学前施設における適切なアレルギー対応ができるような体制を整えることが必要である。そして，医療機関への搬送ができる救急体制を組織的に整備しておく。

　アナフィラキシーショックへの対応として，保育者がエピペンを注射[25]しなければならないことを想定して，全職員の理解の上，保護者・医師と十分協議し連携体制を整備する。そして，アナフィラキシー症状が発生した時には保育者をはじめとした全職員が迅速・適切な対応[26]をする。食物アレルギーの子どもが通院している医療機関が遠方の場合，症状が重症であり，対応が困難な場合は，就学前施設の近隣の病院を受診し緊急時対応を依頼できるように準備しておく。アナフィラキシーの既往がある子どもやエピペンを所持している子どもの場合は必須である。

3　保育室での配慮

（1）就学前施設における安心・安全な食事を提供するために

　就学前施設において，食物アレルギーのある子どもも食物アレルギーのない子どもと同じように，安心・安全な生活を送ることができるようにする。就学前施設で提供される食事は子どもの発達段階を考慮して，栄養面の確保だけではなく，おいしく楽しく食べられるように配慮することが大切である。

　日本保育園保健協議会が実施した保育所におけるアレルギー対応に関わる調査結果（全国953保育園，105,853人の園児対象）[8]によると，保育所での食物アレルギーの有病率は約4.9％であり，年齢別有病率は0歳児7.7％，1歳児9.2％，2歳児6.5％，3歳児4.7％，4歳児3.5％，5歳児2.5％，6歳児1.3％だった。また，1年間で，29％（約3割）の園が食物アレルギーの誤食事故を体験していた。このことから，乳幼児は学童に比べて食物アレルギー発症の頻度が高いことがわかる。

　就学前施設によっては，生後57日以降から乳児を預かる施設もあり，食物アレルギーをまだ発症していない乳児や診断が確定していない乳児を預かる可能性がある。また，離乳食を進める時期なので，まだ食べたこともない食物も多く存在する。

（左欄外注釈）
員から質問してくるので落ち着いて答えるとよい。

*23　救急車要請後，救急隊から，その後の子どもの状態確認のため電話がかかってくることがある。連絡先として伝えた電話はすぐにつながるようにしておく。

*24　「生活管理指導表」「緊急時個別対応票」「経過記録票」，子どもの情報に関する資料と使用したエピペン等を持参する。

*25　エピペンの注射は医療行為である。医師でないものが「医療行為」を反復継続する意図をもって行えば，医師法第17条に違反することになるが，緊急時に保育者がアナフィラキシーの状況に陥った子どもを救命するために，自ら注射できない子どもに代わってエピペン注射をすることは，反復継続する意図がないと考えられるため医療行為とはみなされない。
厚生労働省『保育所におけるアレルギー対応ガイドライン（2012年改訂版）』2012,pp.59-61.

さらに，就学前施設で預かる食物アレルギーのある子どもは年齢層の幅が広く，給食を提供する場面は煩雑で，誤食による事故の危険性が高い現状がある。保育者は，食物アレルギーに関する最新の正しい知識と事故予防のための対策や，実際に事故が起きた時の対処法を学習し，いざという時に迅速で適切な対応ができる能力を身につけておく必要がある。

また就学前施設に通う食物アレルギーのある子どもは低年齢であり体調により食べられる食品も変化する可能性がある。個々の成長に合った食事の提供は大切であるが，それぞれに摂取可能な上限に応じていくことは実質不可能であり誤食の事故を招くおそれがある。そのため，食物アレルギー対応の基本は「原因食物の部分解除は推奨せず，"完全除去"か"解除"の両極で対応する[9]」としている。

（２）就学前施設における食物アレルギー対応の基本的な考え方[10]

①　食物アレルギーのある子どもは，適切な対応により食物アレルギーのない子どもと変わらない安心・安全な生活を送ることができる。

②　アナフィラキシー症状が発生した時は，全職員が迅速，かつ適切に対応できる。

③　職員，保護者，医師，緊急対応医療機関が迅速，かつ十分に連携する。

④　食物除去の申請には医師の診断に基づいた生活管理指導表が必要である（診断時と年1回の更新）。

⑤　食物除去は完全除去を基本とする。

⑥　鶏卵アレルギーでの卵殻カルシウム[*27]，牛乳アレルギーでの乳糖[*28]，小麦での醤油[*29]・酢・麦茶，大豆での大豆油・醤油・味噌[*30]，ゴマでのゴマ油，魚でのかつおだし・いりこだし，肉類でのエキス等は除去の必要がないことが多いので，摂取不可能な場合のみ申請する。

⑦　除去していた食物を解除する場合は親からの書面申請で可とする。

⑧　家で摂ったことがない食物は基本的に就学前施設では提供しない。

⑨　共通献立メニューにする等，食物アレルギーに対するリスクを考えた取り組みを行う。

⑩　常に食物アレルギーに関する最新の正しい知識を全職員が共有し，記録を残す。

（３）食物アレルギーによる誤食の事故

就学前施設の子どもたちは発育・発達に個人差があり，提供する食事場面は

*26　施設の全職員は①「エピペン」の保管場所，②注射するタイミングと方法，③緊急時対応に必要な書類一式の保管場所を知っておく。エピペンの保管は15〜30℃の常温で保存することが望ましい。冷所または直射日光の当たる場所に放置せず携帯用ケースに入れて保管し，使用後は医療廃棄物として処分する。日頃から施設の全職員の理解と保護者，医師との協議・連携を図り，エピペンの保管体制を整備しておく。

8）主任研究者鴨下重彦『保育所におけるアレルギー対応にかかわる調査研究報告書』財団法人こども未来財団，2010，p.60.

9）厚生労働省『保育所におけるアレルギー対応ガイドライン（2012年改訂版）』2012，p.45.

10）厚生労働省『保育所におけるアレルギー対応ガイドライン（2012年改訂版）』2012，p.55を参考に作成。

*27　卵殻カルシウム　卵の殻を焼いて得られた添加物であり，鶏卵のタンパク質は，ほぼ含まれていない。

＊28　乳糖はアレルギー児でも食べられることが多いが，重度の牛乳アレルギーの子どもには食物負荷試験を行い，乳糖の摂取の可否を判断する。

＊29　醤油の醸造過程で小麦のアレルゲンは変性しアレルギーを起こす力が失われている。

＊30　精製された大豆油には大豆アレルゲンがほとんど含まれていない。醤油や味噌は発酵過程で大豆のアレルゲンが変性しており，食べられる場合が多い。

＊31　大麦から作られる麦茶は小麦と直接関係がなく，除去の必要がないことが多い。しかし，医師より麦類全般に除去指導がされている子どもは麦茶の除去が必要な場合もある。

＊32　誤食事故予防については，内閣府・文部科学省・厚生労働省『教育・保育施設等における事故防止及び事故発生時の対応のためのガイドライン』（2016年）に詳しい。

＊33　トレーに置くだけの札は，落としたり，なくしたりすることがあるので注意する。

煩雑であることから，誤食の事故が起きるリスクが高い状況にある。誤食事故の発生要因として，「配膳・配給のミス」「煩雑な細分化された食物除去の対応」「子どもが幼少のため自己管理できない」等がある。

　実際に起きた事例として，「アレルギー対応のミルクが必要な子どもに牛乳を配膳して誤飲した」「小麦アレルギーで黒豆茶が必要な子どもが他の子どもの麦茶＊31を誤飲した」等がある。

　配給・配膳のミス以外に，食物アレルギーの子どもが他の子どもの分を食べてしまったり，おかわりの時に誤食したり，と予期せぬ状況下で事故は起きている。誤食事故は，どこの施設でも起こることを前提に，誤食事故予防＊32のための対策と迅速な対応が求められる。就学前施設の全職員で誤食予防の体制づくり（知識の習得，意識改革，役割分担・連携等）が必要である。

1）食物アレルギーによる誤食の事故を予防するための対策

①　調理手順及び作業ルールの厳守と徹底

・調理員は除去食及び代替食の調理・確認作業を決められた作業ルールに従うことで，誤食事故がないようにする。

②　配膳時・食事中の配慮

・保育者は調理員から給食を受け取る際に，名前と対応食の内容を確認する。必ず対応食を調理した人から受け取る。
　調理員や担任の保育者が連携しながら確実に配膳する。

・食事内容を記載した配膳カードを使用する。また，食物アレルギーの子どもの食器の色を変え名札を付ける。

・食物アレルギーの子どもの専用トレーにアレルギーの原因食品を紙に記入しテープで貼り付ける＊33。

・アレルギー食は最初に配膳する。

・調理・配膳・食事の提供までの二重，三重のチェック，声かけ確認の体制整備等を行う。

・食物アレルギーの子どもに食事を提供する場面では，十分な職員の配置と安全管理をする。食事中・食後の体調の変化を確認する。

・食事中はアレルギー除去食の子どもが他の子どもの給食を食べる，または食べこぼしや飛び散り＊34等がないように注意する。

③　献立表の見直し

・加工品やつなぎから卵や牛乳を除去する。牛乳や卵を提供する場合は，目で見て誰でもわかる形で提供する。

・除去を意識した献立を作成する。

・食物アレルギーの症状を誘発するようなリスクの高い食物が少ない献立を作成する。

④　食物アレルギーを予防するための対応マニュアルの作成・整備

・食物アレルギーのある子どもへの対応や防止策，食物アレルギーの症状が出た時の対応，生活管理指導表の取り扱い，アレルギーに関する情報管理，緊急時の対応（エピペンによる対処法），地域連携，研修及び教育等を取り入れた安全性を高める体制を明確にする。

⑤　食物アレルギーに関する研修会・学習会の開催

・定期的に食物アレルギーやエピペンの学習，救命救急法，アレルギー発症時の対処法等の学習会を開催する。

・食物アレルギーの最新の情報を調べ，現状分析をする。食物アレルギーの誤食事故事例や，事故には至らなかったけれどヒヤリ・ハッとした「ヒヤリ・ハット事例[*35]」の検討，先進的な取り組みをしている施設の実践例等を学習し共有する。

・重度の食物アレルギー[*36]がある乳幼児への対応として，医師から指示された除去食品が多品目になる場合や調味料や油の共用ができない等，調理の設備や作業関係で除去食（食物アレルギーの原因食物を除いた給食）や代替食（原因食品に代わる食材で栄養価を確保した給食）の提供が難しい場合は，家庭から弁当を持参してもらうこともある。

（4）食物アレルギーに対する関係者の役割

　保護者・施設の職員は，アレルギー関連の研修会に積極的に参加して，常に最新の知識・技術を習得し，いざという時に実践できる能力を養っておくことが必要である。

　行政の役割は，ガイドラインを保護者・施設の職員とともに共通理解をして，地域の中で健康・安全に関する協議会等の立ち上げや教育研究の機会を企画する。

　研修体制としては，アレルギーの問題は医学的にも専門性が高いため，関係者が共通認識をもち体制整備をしていく。各関係者が努力し研修する必要がある。就学前施設におけるアレルギーの知識・対応，質の向上をめざし，行政は関係機関と連携し，就学前施設に対して保健分野の研修を実施していく。

　就学前施設内においても，アレルギーに関する最新の知識・対応を学び合う体制を整備し，職員全体で意識を高め，安全な環境で保育が実践できるように努める。

*34　はいはいをする乳児がいる場合は特に注意する。

*35　ハインリッヒの法則（Heinrich's law）では，「1件の重大事故・災害の背後には29件の軽微な事故・災害，300件のヒヤリ・ハット（事故には至らなかったものの，ヒヤリとした・ハッとした事例）がある」ということが統計的に導かれている。就学前施設において「ヒヤリ・ハット事例」を全職員で情報収集・分析・共有し検討していく積み重ねが大切である。

*36　重度の食物アレルギーの乳幼児に対する配慮例として，①食事は他の子どもとは別の部屋で保育者が付き添って食事をさせる，②専用のテーブルを準備する，③食後に他の子どもと一緒に保育室で過ごす場合は，他の子どもたちに手洗いをさせる。テーブルや床等の清掃を済ませた後に部屋に入れる，④牛乳アレルギーのある子どもには牛乳パックを利用した入れ物を使用しない，⑤小麦アレルギーの子どもは小麦粉粘土を使う遊びをしない等がある。

●ふりかえりシート

課題1：冷凍・冷蔵母乳を希望する保護者に対して使い方を説明しよう。

課題2：食物アレルギーのアナフィラキシー症状が起きた時の対応を説明しよう。

課題3：就学前施設における誤食の事故予防の対応を説明しよう。

コラム　食物アレルギーの子どもをもつ母親の本音

　小麦で食物アレルギーを起こす子どもが，家庭から弁当を持参して通所していました。その日の給食の献立は，小麦が使われていないメニューでした。母親は「食べられる給食の日は，弁当持参ではなく，私の子どもも他の子どもと同じように楽しく給食を食べさせたい」ともらしました。これは，食物アレルギーの子どもをもつ母親の本音です。

　就学前施設において，誤食事故や食物アレルギーのアナフィラキシーショックの防止は，非常に重要であり，施設の全職員にとり細心の注意を払わなければならないことです。

　その一方で，子どもにとって給食の時間は，食物に感謝をして「食」を楽しみ，みんなで食事をすることを楽しみ合う子どもに成長していく食育の場面でもあります。食物アレルギーの子どもが，みんなと同じようにできない不自由さを感じさせないような配慮も保育者には求められています。

　食事は，身体の発育に必要な栄養を補給する意味があります。また，楽しくおいしく食べることは，心の栄養を補給し，健やかに育つ心と体をつくることにつながります。

写真8−1　離乳食場面

保育者が「おいしいね」という言葉を添えることで，子どもは食の満足感と人との共感を育む。

第 9 章　子育てをめぐる家族の権利と責任

　時代の流れと社会の変化とともに，我が国における家族のあり方も変化している。この章ではこれらを踏まえ，子どもの権利に関する法令の内容を，歴史的変遷の視点も交えながら，解説していく。また，「子どもの権利」を保障していくためには，「子どもの最善の利益」についての深い理解と，子どもの状況に応じた「最善の利益」への的確な判断が求められることについても考察する。

1　児童福祉法

　児童福祉法は，1947（昭和22）年に制定されている。第二次世界大戦後，親を失い孤児となった子どもや，親等に養育・保護をされなかった結果，生き抜くために非行行為や物乞い，働かざるを得ない状況となった子どもが増えた。このような背景から子どもを保護することに加え，全ての児童を対象として健全な育成や福祉の増進を図ることを目的とした法律となっている。

　法律では，「児童」と「保護者」の定義が示されている。ここで改めて確認する。児童は第4条において「この法律で，児童とは，満18歳に満たない者」としている。さらに，就学前施設（保育所，認定こども園をここではいう）において，乳児保育が対象とする子どもを「1　乳児　満1歳に満たない者」，「2　幼児　満1歳から小学校就学の始期に達するまでの者」と分けている。また，保護者は第6条において，特定の条文[*1]を除き「親権を行う者，未成年後見人[*2]その他の者で，児童を現に監護[*3]する者」としている。子どもが健やかに成長していくために，保護者の存在は欠かせないものである。しかし，時代の変化とともに子どもや保護者，家族のあり方も変化している。児童福祉法は，社会の背景を踏まえながら子どもや家族にとって何が適しているのかを検討し，改正を繰り返して現在に至る。そこで，子どもの権利と保護者及び家族との関係

*1　特定の条文とは，児童福祉法第19条の3，第57条の3第2項，第57条の3の3第2項及び第57条の4第2項を示す。

*2　**未成年後見人**
「民法」に定められている。民法第838条第1号にて「未成年者に対して親権を行う者がないとき，又は親権を行う者が管理権を有しないとき」と規定している。

*3　監護とは，監督し保護することを示す。

について，条文からみていく。

（1）児童福祉法からみる子どもの権利

　2016（平成28）年に一部が改正された児童福祉法では，制定時の全ての児童を対象として健全な育成がなされること，現在の課題のひとつである児童虐待について，発生の予防から自立支援までの福祉対策の強化を図ることとして，第1章「総則」の見直しがなされている（表9−1）。第1条は制定時から見直されていなかったが，子どもが一人の人間として権利を保障され，尊重されるべき存在であることに変わりはない。厚生労働省では，改正の趣旨のひとつを「児童は，適切な養育を受け，健やかな成長・発達や自立が図られること等を保障される権利を有すること[1]」として位置づけた。

　条文には「児童の権利に関する条約の精神にのっとり」と明記されている。これは，1989（平成元）年に国連にて採択され，日本では1994（平成6）年に批准された「児童の権利条約」を示している。この条約については，後述する。

　第2条では，子どもを中心に位置づけた上で，全ての国民，保護者，国，都道府県や市町村といった地方公共団体が「責任」という形で児童の福祉が保障されることが明確となった。また，心身ともに健やかに育成するために，子どもの意見が尊重され，子どもにとっての最善の利益をわたしたちは優先して考えなくてはならない。

（2）児童福祉法からみる保護者・家族との関係

　子どもは家庭*4等で養育を受けて成長し，自立をしていくことができる。法律でも家庭や養育する環境に関する内容が，改正により明記された。

　保護者は，子どもが心身ともに健やかに育つよう根本的責任負うことが第2条の第2項で示されている（表9−1）。改正の趣旨として「家庭は，児童の成長・発達にとって最も自然な環境であり，児童が家庭において心身ともに健やかに養育されるよう，その保護者を支援することが重要である[1]」としている。「その保護者を支援」するのは，国や都道府県，市町村である。保護者への支援が必要とされるのは，保護者自身が子育てに関する知識が不足しているケース，地域社会とのつながりが薄く，不安や悩みを抱えているケース，インターネットや育児雑誌の影響から子育てに自信をなくしているケース等が考えられる。また，核家族化が進み，家族*5の人数が減少していることや，ひとり親家庭が増え，経済的に困難な状況に置かれ，生活面での支援が必要とされ，子どもにも影響を及ぼすことが想定される。これは，保護者からの相談を待つのではなく，国や地方公共団体から対応することが求められていることを意味す

1）　厚生労働省『児童福祉法等の一部を改正する法律の公布について』2016．p.2.

*4　厚生労働省では家庭について「実父母や親族等を養育者とする環境」と表現している。
　厚生労働省『児童福祉法等の一部を改正する法律の公布について』2016．p.3.

*5　家　族
　家族とは，夫婦の配偶，親子・きょうだい等，血縁関係によって結ばれた親族を基礎にして成り立つところの小集団であり，社会を構成する基本単位である。
　森上史郎・柏女霊峰編『保育用語辞典　第6版』ミネルヴァ書房，2010．p.338.

表9−1 児童福祉法第1章 新旧対照条文

改正後（2016年改正）	改正前（1947年制定）
第1章 総則	第1章 総則
第1条 [児童福祉を保障するための原理]	第1条 [児童福祉の理念]
全て児童は，児童の権利に関する条約の精神にのっとり，適切に養育されること，その生活を保障されること，愛され，保護されること，その心身の健やかな成長及び発達並びにその自立が図られることその他の福祉を等しく保障される権利を有する。	すべて国民は，児童が心身ともに健やかに生まれ，且つ，育成されるよう努めなければならない。 ②すべて児童は，ひとしくその生活を保障され，愛護されなければならない。
第2条 [児童育成の責任]	第2条 [児童育成の責任]
全て国民は，児童が良好な環境において生まれ，かつ，社会のあらゆる分野において，児童の年齢及び発達の程度に応じて，その意見が尊重され，その最善の利益が優先して考慮され，心身ともに健やかに育成されるよう努めなければならない。 ②児童の保護者は，児童を心身ともに健やかに育成することについて第一義的責任を負う。 ③国及び地方公共団体は，児童の保護者とともに，児童を心身ともに健やかに育成する責任を負う。	国及び地方公共団体は，児童の保護者とともに，児童を心身ともに健やかに育成する責任を負う。
第3条 [原理の尊重]	第3条 [原理の尊重]
前2条に規定するところは，児童の福祉を保障するための原理であり，この原理は，すべて児童に関する法令の施行にあたつて，常に尊重されなければならない。	前2条に規定するところは，児童の福祉を保障するための原理であり，この原理は，すべて児童に関する法令の施行にあたつて，常に尊重されなければならない。
第1節 国及び地方公共団体の責務 第3条の2	（新設）
国及び地方公共団体は，児童が家庭において心身ともに健やかに養育されるよう，児童の保護者を支援しなければならない。ただし，児童及びその保護者の心身の状況，これらの者の置かれている環境その他の状況を勘案し，児童を家庭において養育することが困難であり又は適当でない場合にあつては児童が家庭における養育環境と同様の養育環境において継続的に養育されるよう，児童を家庭及び当該養育環境において養育することが適当でない場合にあつては児童ができる限り良好な家庭的環境において養育されるよう，必要な措置を講じなければならない。	

る。保護者は子どもへの責任を負うためにも，有効な制度を積極的に活用していくことが可能な立場なのである。

1）生まれる前からの保護者の責任

　児童福祉法では，第5条に妊産婦*6の定義が示され，第10条に市町村が妊産

＊6　児童福祉法では妊産婦を「妊娠中または出産後一年以内の女子をいう」と規定している。

婦に対して必要な支援を行うものと明記されている。胎児の時から法律により守られるべき存在なのである。第1条を明確とした趣旨には，児童虐待の発生を防ぐことがあげられており，保護者の妊娠時からの対策が必要とされた。

児童相談所での児童虐待の相談対応件数は，2016（平成28）年度では122,575件で年々増加している[2]。虐待を受けた子どもの年齢構成別では，0〜3歳未満が全体の19.5％と小学生，3歳から小学校就学前の子どもに次いで3番目に多い。また，厚生労働省が把握している虐待により亡くなった子どもの年齢別での割合ついて，2015（平成27）年度では，0歳が57.7％，3歳未満を含めると71.2％と低年齢児の子どもが7割を占めている[3]。さらに，0歳児を月齢別でみた時には0か月が43.3％とほぼ半数を占めており，生まれたばかりの子どもが命を落としている現状があった。これは，保護者が18歳未満で病院ではない場所で出産することや望まない出産，育児への不安や子育てに関しての知識がないこと，保護者自身が親になるという意識が低いことや未熟さ，出産前後で精神的に不安定な状況等が原因となり，虐待へとつながったことが原因と考えられる。

子どもの健全育成を図るためには，保護者自身が子どもを出産する前から心身ともに健康でなくてはならない。様々な背景をもつ保護者にとって，周囲からの支えが必要とされている。子どもの権利を奪わないよう家族が安心して生活できる環境を含め，制度を有効に活用しながら，わたしたちは援助しなくてはならないのである。

2)　厚生労働省『平成28年度福祉行政報告例の概況』2017，p.8.

3)　厚生労働省雇用均等・児童家庭局『子ども虐待による死亡事例等の検証結果等について（13次報告）』2017，p.14.

2　教育基本法

教育基本法は，児童福祉法と同様1947（昭和22）年に制定されている。制定の要旨として文部省[*7]（当時）は「教育が，何よりもまず人格の完成をめざして行われるべきものであることを宣言した[4]」としている。法律で示されている「人格の完成」とは「個人の価値と尊厳との認識に基き，人間の具えるあらゆる能力を，できるかぎり，しかも調和的に発展せしめることである[4]」としている。さらに「教育は，平和的な国家及び社会の形成者として心身ともに健康な国民の育成を期して行わなければならない。又，あらゆる機会に，あらゆる場所において行われなければならないのである[4]」としている。

0〜3歳未満の子どもを対象としている乳児保育には，教育基本法は関係がないととらえがちである。しかし，「人格の完成」や「個人の価値と尊厳」，「心身ともに健康な国民の育成」という言葉からも，子どもの最善の利益が保障されるために乳児期の子どもにとって必要となる法律であることが理解できる。

＊7　2001（平成13）年の中央省庁の再編により，文部省と科学技術庁が統合され，現在文部科学省となっている。

4)　文部科学省『昭和22年教育基本法制定時の経緯等に関する資料　教育基本法制定の要旨（昭和22年5月3日文部省訓令第4号）』1947.

　2006（平成18）年，教育基本法は，子どもや家庭，学校や地域社会といった教育を取り巻く環境が変化し続けていることを背景として，全部が改正された。社会の変化としては，少子高齢化や核家族化，女性の社会進出に伴い価値観が多様化したこと等があげられる。そこで，改正された条文から子どもの権利と保護者及び家族との関係について考えてみたい。

（1）教育基本法からみる子どもの権利

　子どもにまつわる条文としては，第1条と第11条があげられる（表9－2）。第1条に示されている「人格の完成」について，網野は「ヒトとして誕生し，人間として育つ出発点にある乳幼児期とりわけ0〜2歳児の時期は，人格形成の基礎を築く時期として人間教育，家庭教育，地域教育，社会教育等を伴う教育的保育環境に包み込まれる[5]」と述べている。また，新たに設けられた第11条では「生涯にわたる人格形成の基礎を培う重要なもの」と示されていることから，乳児期からの生活を中心とした継続的な教育が求められているのである。

　改正された背景として，文部科学省では子どもについて「基本的な生活習慣の乱れ，学ぶ意欲の低下や学力低下傾向，体力の低下，社会性の低下や規範意識の欠如[6]」をあげている。特に基本的な生活習慣の乱れは，発達した電子機器の使用により就寝時間が遅くなること，十分な睡眠時間が確保されていないこと，朝食をとらないこと，夜型の保護者の生活に影響されること等が原因とされている。これらの乱れは，学校教育や子どもの発達等にも影響が及ぼしている。学童期から始まっているものではなく，乳幼児期からの積み重ねであるからこそ，人格の形成の基礎を確立する時期の生活が大切となってくるのではないだろうか。

（2）教育基本法からみる保護者・家族との関係

　保護者にまつわる条文としては，新たに設けられた第10条と第13条があげられる（表9－2）。第10条では，児童福祉法と同様に保護者が「第一義的責任」を子どもの教育について負うこととしている。先に述べた網野による乳幼児期の「教育的保育環境」のなかでも「人間教育あるいは人間性教育の質が深く影響を及ぼす[5]」とするように，家庭等で育つ子どもにとって保護者からの教育，なかでも生活習慣を身に付けることが求められている。しかし，育児に不安や悩みをもつ保護者にとって，生活習慣を子どもに身に付けることが大切なことであるとわかっていても思い通りにならないことが現状なのかもしれない。そのため，周りからの協力が必要となる。

　第13条では，家庭や学校，地域住民やその他の子どもと関係する人たちが，

5）　網野武博「子ども・子育て支援制度と乳幼児期の教育について考える」保育通信，第738号，2016，pp.6-10.

6）　文部科学省『新しい教育基本法について』2006.

表9-2　子ども・保護者に関連する教育基本法　新旧対照条文

改正後の教育基本法 （平成18年法律第120号）	改正前の教育基本法 （昭和22年法律第25号）
前文 　我々日本国民は，たゆまぬ努力によって築いてきた民主的で文化的な国家を更に発展させるとともに，世界の平和と人類の福祉の向上に貢献することを願うものである。 　我々は，この理想を実現するため，個人の尊厳を重んじ，真理と正義を希求し，公共の精神を尊び，豊かな人間性と創造性を備えた人間の育成を期するとともに，伝統を継承し，新しい文化の創造を目指す教育を推進する。 　ここに，我々は，日本国憲法の精神にのっとり，我が国の未来を切り拓く教育の基本を確立し，その振興を図るため，この法律を制定する。	前文 　われらは，さきに，日本国憲法を確定し，民主的で文化的な国家を建設して，世界の平和と人類の福祉に貢献しようとする決意を示した。この理想の実現は，根本において教育の力にまつべきものである。 　われらは，個人の尊厳を重んじ，真理と平和を希求する人間の育成を期するとともに，普遍的にしてしかも個性ゆたかな文化の創造をめざす教育を普及徹底しなければならない。 　ここに，日本国憲法の精神に則り，教育の目的を明示して，新しい日本の教育の基本を確立するため，この法律を制定する。
第1章　教育の目的及び理念 第1条（教育の目的） 　教育は，人格の完成を目指し，平和で民主的な国家及び社会の形成者として必要な資質を備えた心身ともに健康な国民の育成を期して行われなければならない。	第1条（教育の目的） 　教育は，人格の完成をめざし，平和的な国家及び社会の形成者として，真理と正義を愛し，個人の価値をたつとび，勤労と責任を重んじ，自主的精神に充ちた心身ともに健康な国民の育成を期して行わなければならない。
第2章　教育の実施に関する基本 第10条（家庭教育） 　父母その他の保護者は，子の教育について第一義的責任を有するものであって，生活のために必要な習慣を身に付けさせるとともに，自立心を育成し，心身の調和のとれた発達を図るよう努めるものとする。 2　国及び地方公共団体は，家庭教育の自主性を尊重しつつ，保護者に対する学習の機会及び情報の提供その他の家庭教育を支援するために必要な施策を講ずるよう努めなければならない。	（新設）
第11条（幼児期の教育） 　幼児期の教育は，生涯にわたる人格形成の基礎を培う重要なものであることにかんがみ，国及び地方公共団体は，幼児の健やかな成長に資する良好な環境の整備その他適当な方法によって，その振興に努めなければならない。	（新設）
第13条（学校，家庭及び地域住民等の相互の連携協力） 　学校，家庭及び地域住民その他の関係者は，教育におけるそれぞれの役割と責任を自覚するとともに，相互の連携及び協力に努めるものとする。	（新設）

出典）文部科学省『改正前後の教育基本法の比較』

教育に関してそれぞれの役割と責任を自覚し，お互いに連携や協力することに努めるとされている。都市化が進んだことにより，マンションといった集合住宅に住む家族や祖父母が遠方にいる家族が増えたことにより，直接的なコミュニケーションを取る機会が少なくなった。そのため，地域とのつながりが薄く必要とされる情報を得にくくなっている。それぞれの役割を明確にすることで，子どもを中心として必要となる支援をすることが大切となるのである。

3　児童の権利に関する条約

前述した「児童福祉法」「教育基本法」等，我が国でも子どもの権利を保障するために立法化が進められてきた。それらの法令の内容として特徴的なことは，子どもは国家や社会，身近な大人に庇護され保護されなければならない存在であることを明記したことである。「子どもであるが故に，義務を負う側からの保護や援助を受けることによって，効力をもつ権利を受動的権利という。（中略）〈育てられる〉という宿命をもつ子どもの権利は受け身の存在であることを前提としている場合が多く，したがってこの権利が保障される程度は，すぐれて〈育てる〉側の意識や自覚に負っている[7]」と綱野は述べている。

国際的には，第一次世界大戦後に子どもの権利思想が広がり，1924（大正13）年に国際連盟が「児童権利宣言（ジュネーブ宣言）」を採択し，1948（昭和23）年に「世界人権宣言」，1959（昭和34）年には国際連合が「児童の権利に関する宣言」を採択した。

しかし，世界の多くの国々の状況をみると，子どもの受動的権利が守られず，戦争やテロ行為，虐待等で命を奪われ，貧困に生命を脅かされ，庇護や養育を受けられず，教育を受けることもできず，搾取され，放任されている子どもたちが少なくない事態が続いている。「いまだに毎日約16,000人の5歳未満児が命を失っている」とユニセフ[*8]は「世界子供白書2016」で発表した。また国際労働機関（ILO）2013（平成25）年の発表によると，世界では1億6,800万人すなわち9人に1人以上の子どもが教育の機会を奪われ，児童労働者として働いている。我が国日本では，厚生労働省『国民生活基本調査』によると，2015（平成27）年「子どもの貧困率」は13.9％，日本の子どもの7人に1人が「相対的貧困」とされる。ひとり親世帯の子どもの貧困率は50.8％と半数を超えている。

1989（平成元）年に国際連合が採択した「児童の権利に関する条約」（子どもの権利条約）は，このような受動的権利がすべての子どもたちに保障されるように，国連主導で改めて明文化した重要な意義をもつ条約である。また，「子どもの権利保障のもう1つの側面，つまり子どもは子どもである前に，人間で

7)　綱野武博・柏女霊峰編著『子ども家庭福祉の新展開』同文書院，2009，p.6.

＊8　ユニセフ
（unicef：国連児童基金）
世界190以上の国と地域で，子どもたちの生存と健やかな発達を守るため，保健，栄養，水と衛生，教育等の支援事業をその国の政府やNGO，コミュニティと協力しながら実施している国際機関である。

あるという前提に立つ人権保障の必要性を強く確認し，これをうたっている点で画期的である。（中略）自らの生き方を主張し，追究することのできる権利の保障は人間として主張し，行使する自由を得ることによって効力をもつ権利を，能動的権利という」と綱野[8]は解説している。

8)　前掲書7），p.7.

　この条約は，前文と本文54条の条文で構成され，「生きる権利」「守られる権利」「育つ権利」「参加する権利」の4つの柱がある。

　そのなかで，第12条（意見を表明する権利），第13条（表現の自由についての権利）第14条（思想・良心・宗教の自由についての権利），第15条（結社・集会の自由）についての権利が明記されている。それらは子どもに「能動的権利」があることを位置づけ，子どもの権利とは，受動的な権利ばかりでなく，能動的な権利も有する，子どもたち自身が「権利の主体」であることを示唆したものである。この条約を批准した各国において，子どもの権利に関する法令上の見直しや，社会や国家の意識の改革を伴う，大きな転換となった。それゆえ，条約の締結にあたっては，「国連事務総長が，各国政府や国際機関にその見解，考察，及び示唆を求めるため，その提案を配布したが，その反応は良いものとはいえなかった。（中略）大方は無関心であり，おそらく，もっともよく知られたものは『ユニセフの沈黙』であったといえる。しかし，条約作成に対する当初のユニセフの無関心は，幸いなことに起案作業の終了までには修正された[9]」と長谷川は述べている。これらの経緯からも子どもの権利に関する法令や理念を根底から見直すことになった条約といえよう。日本は採択から5年後の1994（平成6）年に批准した。この条約への批准は，その後の我が国の児童福祉法制度，施策に大きな影響を与え，児童保護の支援方法や支援環境の大きな見直しへとつながった。

9)　長谷川眞人編著『子どもの権利ノート　子どもの権利擁護の現状と課題』三学出版.2005.　p.6.

　ユニセフでは「子どもの権利条約」を子どもたちに理解しやすい内容に抄訳したものをホームページに掲載し*9，この条約の推進に尽力している。また，我が国の多くの自治体でも児童へ向けて，条約の子どもの権利の主旨をわかりやく抄訳した冊子「子どもの権利ノート」を作成配布し，周知に努めている。

＊9　ユニセフのホームページは以下である。http://www-unicef.or.jp/crc/

（1）　子どもの最善の利益について

　子どもの権利について深く理解し，子どもの主体的な権利を保障していくために，「子どもの最善の利益」という崇高な理念について，考察していきたい。

子どもの権利条約　第3条第1項

　児童に関するすべての措置をとるに当たっては，公的若しくは私的な社会福祉施設，裁判所，行政当局又は立法機関のいずれによって行われるものであっても，児童の最善の利益が主として考慮されるものとする。

　日本ユニセフ協会が子どもへ向けて抄訳した第3条の条文[10]では「第3条
子どもにとってもっともよいことを」ではじまり，「子どもに関係のあること
を行うときには，子どもにとってよいことは何かを第一に考えなければなりま
せん」と訳されている。また，前述した「児童福祉法」（2016年改正）第2条の
条文にも，国民は，子どもの最善の利益が優先して考慮されるように努力する
義務があることが記されている。

　目の前にいる子どもの「最善の利益」とは何かを導きだすことは，容易では
ない場合もある。最善の利益とは，その子どもの心身の豊かな発育と発達にお
いて，その瞬間，その時，そこに寄り添いながら共にいる家族，保育者が適確
に判断できるものであってほしい。そのために，私たちは学び続ける必要があ
るといえるだろう。

　福島県から出版されている「子どもの権利ノート（里親版）」には子どもの
権利について，次のように記されている[11]。

10）日本ユニセフ協会
『子どもの権利条約
日本ユニセフ協会抄訳』
（http://www.unicef.or.
jp/kenri/syo1-8.htm）

11）福島県保健福祉部
児童家庭課『子どもの
権利ノート　知ってお
こう，わたしの権利（里
親版）改訂版』2012.
p.13.

子どもの権利ノート（里親版）

あなたの権利

あなたは「権利」ということを知っていますか？

　じつは，このノートに書かれている「生きるちから」のほとんどが権利のことなのです。権
利とは英語のライト（Right）を訳したことばです。ライトとは，あたりまえのこと，正しいこ
とという意味です。ですから，権利はあなたが「あたりまえに持っているもの」で，大切にさ
れなければならないものなのです。同じように，ほかの人にも権利があります。

　あなたの権利とほかの人の権利，どちらも大切にしましょう。

　このノートは，あなたに勇気がわいたり，安心したりしてほしい，そして生きるちからを大
切にしてほしいと思って作りました。もしあなたが自分では何もできないとあきらめてしまい
そうになったり，不安になったりしたときには，もう一度このノートを開いてみてください。
あなたにはきっとそれを乗り越えることができると，私たちは信じています。

　子どもたちは，自分の権利を十分に理解し，行使し，活用できるとはいえな
い。自分の言葉で自分の意思や気持ちを表現することが難しいことも多く，そ
れは年齢が低いほど困難を伴う。また，不当な扱いや環境におかれても，自分
は権利を守られる立場にあることそのものに，気づくことができない子どもも
いる。子どもは権利をもっていても，自分自身の力で権利を守ることができな
い存在であるからこそ，周囲の大人たちが，その権利が守られているか，行使
されているかどうか，常に見守り，支えていく必要がある。

　あなたの地域の自治体の「子どもの権利ノート」にも是非目を通してほしい。

（2）保育所保育指針にみる子どもの権利

保育所保育指針においても，保育所の役割として子どもの最善の利益を考慮することが記されている。

（1）保育所の役割

ア　保育所は，児童福祉法（昭和22年法律第164号）第39条の規定に基づき，保育を必要とする子どもの保育を行い，その健全な心身の発達を図ることを目的とする児童福祉施設であり，入所する子どもの最善の利益を考慮し，その福祉を積極的に増進することに最もふさわしい生活の場でなければならない。（保育所保育指針 第1章 総則 1 保育所保育に関する基本原則）

子どもが生活の場として過ごす保育所は，健やかな発育と発達を保障され，安心して心地よく過ごせる場でなくてはならないことが明記されている。また，第1章総則1保育所保育に関する基本原則（5）保育所の社会的責任において，「保育所は，子どもの人権に十分配慮するとともに，子ども一人一人の人格を尊重して保育を行わなければならない」と明記されている。さらに，子どもの発達や経験の個人差，性差，発達課題を有する子どもや家庭への配慮とともに，国籍や文化の違いを認め合い，互いに尊重する心を育てること等，多文化共生・国際化が進む社会のなかで，子どもの人権を理解し，人格を尊重し，子どもの思いに寄り添いながら，多様な視点で子どもの最善の利益を常に追求していくことが，保育者に課せられた役割であり専門性であるといった，保育の理念が謳われている。

（1）保育全般に関わる配慮事項

ア　子どもの心身の発達及び活動の実態などの個人差を踏まえるとともに，一人一人の子どもの気持ちを受け止め，援助すること。

オ　子どもの国籍や文化の違いを認め，互いに尊重する心を育てるようにすること。

カ　子どもの性差や個人差にも留意しつつ，性別などによる固定的な意識を植え付けることがないようにすること。（保育所保育指針 第2章 保育の内容 4 保育の実施に関して留意すべき事項）

（2）保護者の状況に配慮した個別の支援

イ　子どもに障害や発達上の課題が見られる場合には，市町村や関係機関と連携及び協力を図りつつ，保護者に対する個別の支援を行うよう努めること。

ウ　外国籍家庭など，特別な配慮を必要とする家庭の場合には，状況等に応じて個別の支援を行うよう努めること。

（保育所保育指針　第4章 子育て支援　2 保育所を利用している保護者に対する子育て支援）

●ふりかえりシート

課題1：「保護者の責任」と「保護者支援」の必要性について，将来保育者となる立場から
理解したことを話し合おう。

課題2：「乳児期の健全な成長」を踏まえ，どのような施策が必要であるかを話し合ってみ
よう。

課題3：子どもの権利，子どもの最善の利益を保障していくためにあなたは何を大切にして
いきたいか，考察してみよう。

コラム　「砂遊び」が子どもの生きる力を引きだす

　保育所，幼稚園等の園庭の砂場，公園の砂場には，様々な年齢の子どもたちが，思い思いの発想で自由に砂遊びを楽しむ姿が見られます。東日本大震災に伴う原発事故以降，「砂遊びが失われかけた福島から，砂遊びの大切さを発信していこう」の理念のもと，官民一体となって砂遊びのイベントが各地で開催されるようになりました。大きな砂山で夢中になって穴を掘り，トンネルを開通させ，バケツに砂と水を入れての型抜きを，何度も飽くことなく，歓声をあげながら挑戦し続ける子どもたちの姿は，時を忘れて遊びに没頭する，生きる力に満ちています。

　1歳未満の乳児期においても，砂を口に入れないように大人の配慮があれば，砂遊びは感覚や感性を豊かに育み，発達を促す楽しい遊びです。8か月位になると赤ちゃんは床の上に座ることができますが，まだ姿勢を保つことができず，すぐにうしろへ倒れてしまいます。しかし，砂の上なら赤ちゃんも安定して座ることができるのです。お日様があたり，ぬくもりのある砂場は，自然のクッションとなって赤ちゃんを心地よく支えます。

　遊び方にも年齢に応じた発達が見られます。1歳半頃までは，手にスコップや型抜き等を持って，「道具」の操作を楽しみながら，砂遊びに没頭します。やがて腕の力がつき，2，3歳頃に手指の微細運動ができるようになると，砂山のトンネルを掘ったり，泥団子を作ることができるようになります。言葉の獲得とともに，「お風呂できたね」「お誕生日のケーキ，つくろう」等と会話しながらイメージを広げる姿が見られます。4歳児以降になると，子どもたちは全身でダイナミックに砂遊びに没頭し，「ダムに水を流すんだ」と重いバケツの水を友だちと運んだり，仲間と協力し合う場面もみられるようになります。人間関係も豊かに育む遊びといえるでしょう。

　砂と水を混ぜ合わせた，滑らかなタプタプした泥んこに手や足を入れて，その感触に陶酔（とうすい）している子どもの表情を見たことがあるでしょうか。実に幸せな，安心した笑顔をみせてくれます。

　そのような感覚遊びは，情緒の安定をもたらす，とても大切な遊びです。ある大学生ボランティアが「砂で遊んでいると，はじめは表情が乏しく元気のない子どもが，次第に生き生きとした表情になり，どんどん元気になっていく。逆に，はじめは興奮して，テンションの高すぎる子どもは，砂で遊び込むうちに集中して，表情が穏やかになり，落ち着きをとり戻していく。『情緒が安定する』って，こういうことなんだ，と実感できました」と語っていました。

　学生の皆さんも，子どもと一緒になって，砂や泥の感触を楽しみ，夢中になって砂遊びに没頭する喜びを味わい，砂遊びが子どもの生きる力を引きだすことを実感してほしいと願います。

写真9－1　全身で砂の感触を楽しむ

第2章　保育の内容

　この章に示す「ねらい」は，第1章の1の(2)に示された保育の目標をより具体化したものであり，子どもが保育所において，安定した生活を送り，充実した活動ができるように，保育を通じて育みたい資質・能力を，子どもの生活する姿から捉えたものである。また，「内容」は，「ねらい」を達成するために，子どもの生活やその状況に応じて保育士等が適切に行う事項と，保育士等が援助して子どもが環境に関わって経験する事項を示したものである。

　保育における「養護」とは，子どもの生命の保持及び情緒の安定を図るために保育士等が行う援助や関わりであり，「教育」とは，子どもが健やかに成長し，その活動がより豊かに展開されるための発達の援助である。本章では，保育士等が，「ねらい」及び「内容」を具体的に把握するため，主に教育に関わる側面からの視点を示しているが，実際の保育においては，養護と教育が一体となって展開されることに留意する必要がある。

1　乳児保育に関わるねらい及び内容

(1) 基本的事項

　ア　乳児期の発達については，視覚，聴覚などの感覚や，座る，はう，歩くなどの運動機能が著しく発達し，特定の大人との応答的な関わりを通じて，情緒的な絆（きずな）が形成されるといった特徴がある。これらの発達の特徴を踏まえて，乳児保育は，愛情豊かに，応答的に行われることが特に必要である。

　イ　本項においては，この時期の発達の特徴を踏まえ，乳児保育の「ねらい」及び「内容」については，身体的発達に関する視点「健やかに伸び伸びと育つ」，社会的発達に関する視点「身近な人と気持ちが通じ合う」及び精神的発達に関する視点「身近なものと関わり感性が育つ」としてまとめ，示している。

　ウ　本項の各視点において示す保育の内容は，第1章の2に示された養護における「生命の保持」及び「情緒の安定」に関わる保育の内容と，一体となって展開されるものであることに留意が必要である。

(2) ねらい及び内容

　ア　健やかに伸び伸びと育つ

　　健康な心と体を育て，自ら健康で安全な生活をつくり出す力の基盤を培う。

　（ア）ねらい

　①　身体感覚が育ち，快適な環境に心地よさを感じる。

　②　伸び伸びと体を動かし，はう，歩くなどの運動をしようとする。

　③　食事，睡眠等の生活のリズムの感覚が芽生える。

　（イ）内容

　①　保育士等の愛情豊かな受容の下で，生理的・心理的欲求を満たし，心地よく生活をする。

　②　一人一人の発育に応じて，はう，立つ，歩くなど，十分に体を動かす。

　③　個人差に応じて授乳を行い，離乳を進めていく中で，様々な食品に少しずつ慣れ，食べることを楽しむ。

　④　一人一人の生活のリズムに応じて，安全な環境の下で十分に午睡をする。

　⑤　おむつ交換や衣服の着脱などを通じて，清潔になることの心地よさを感じる。

　（ウ）内容の取扱い

　　上記の取扱いに当たっては，次の事項に留意する必要がある。

　①　心と体の健康は，相互に密接な関連があるものであることを踏まえ，温かい触れ合いの中で，心と体の発達を促すこと。特に，寝返り，お座り，はいはい，つかまり立ち，伝い歩きなど，発育に応じて，遊びの中で体を動かす機会を十分に確保し，自ら体を動かそうとする意欲が育つようにすること。

　②　健康な心と体を育てるためには望ましい食習慣の形成が重要であることを踏まえ，離乳食が完了期へと徐々に移行する中で，様々な食品に慣れるようにするとともに，和やかな雰囲気の中で食べる喜びや楽しさを味わい，進んで食べようとする気持ちが育つようにすること。なお，食物アレルギーのある子どもへの対応について

は，嘱託医等の指示や協力の下に適切に対応すること。

イ　身近な人と気持ちが通じ合う

受容的・応答的な関わりの下で，何かを伝えようとする意欲や身近な大人との信頼関係を育て，人と関わる力の基盤を培う。

（ア）ねらい

① 安心できる関係の下で，身近な人と共に過ごす喜びを感じる。

② 体の動きや表情，発声等により，保育士等と気持ちを通わせようとする。

③ 身近な人と親しみ，関わりを深め，愛情や信頼感が芽生える。

（イ）内容

① 子どもからの働きかけを踏まえた，応答的な触れ合いや言葉がけによって，欲求が満たされ，安定感をもって過ごす。

② 体の動きや表情，発声，喃語（なん）等を優しく受け止めてもらい，保育士等とのやり取りを楽しむ。

③ 生活や遊びの中で，自分の身近な人の存在に気付き，親しみの気持ちを表す。

④ 保育士等による語りかけや歌いかけ，発声や喃語（なん）等への応答を通じて，言葉の理解や発語の意欲が育つ。

⑤ 温かく，受容的な関わりを通じて，自分を肯定する気持ちが芽生える。

（ウ）内容の取扱い

上記の取扱いに当たっては，次の事項に留意する必要がある。

① 保育士等との信頼関係に支えられて生活を確立していくことが人と関わる基盤となることを考慮して，子どもの多様な感情を受け止め，温かく受容的・応答的に関わり，一人一人に応じた適切な援助を行うようにすること。

② 身近な人に親しみをもって接し，自分の感情などを表し，それに相手が応答する言葉を聞くことを通して，次第に言葉が獲得されていくことを考慮して，楽しい雰囲気の中での保育士等との関わり合いを大切にし，ゆっくりと優しく話しかけるなど，積極的に言葉のやり取りを楽しむことができるようにすること。

ウ　身近なものと関わり感性が育つ

身近な環境に興味や好奇心をもって関わり，感じたことや考えたことを表現する力の基盤を培う。

（ア）ねらい

① 身の回りのものに親しみ，様々なものに興味や関心をもつ。

② 見る，触れる，探索するなど，身近な環境に自分から関わろうとする。

③ 身体の諸感覚による認識が豊かになり，表情や手足，体の動き等で表現する。

（イ）内容

① 身近な生活用具，玩具や絵本などが用意された中で，身の回りのものに対する興味や好奇心をもつ。

② 生活や遊びの中で様々なものに触れ，音，形，色，手触りなどに気付き，感覚の働きを豊かにする。

③ 保育士等と一緒に様々な色彩や形のものや絵本などを見る。

④ 玩具や身の回りのものを，つまむ，つかむ，たたく，引っ張るなど，手や指を使って遊ぶ。

⑤ 保育士等のあやし遊びに機嫌よく応じたり，歌やリズムに合わせて手足や体を動かして楽しんだりする。

（ウ）内容の取扱い

上記の取扱いに当たっては，次の事項に留意する必要がある。

① 玩具などは，音質，形，色，大きさなど子どもの発達状態に応じて適切なものを選び，その時々の子どもの興味や関心を踏まえるなど，遊びを通して感覚の発達が促されるものとなるように工夫すること。なお，安全な環境の下で，子どもが探索意欲を満たして自由に遊べるよう，身の回りのものについては，常に十分な点検を行うこと。

② 乳児期においては，表情，発声，体の動きなどで，感情を表現することが多いことから，これらの表現しようとする意欲を積極的に受け止めて，子どもが様々な活動を楽しむことを通して表現が豊かになるようにすること。

(3) 保育の実施に関わる配慮事項

ア　乳児は疾病への抵抗力が弱く，心身の機能の未熟さに伴う疾病の発生が多いことから，一人一人の発育及び発達状態や健康状態についての適切な判断に基づく保健的な対応を行うこと。

イ　一人一人の子どもの生育歴の違いに留意しつつ，欲求を適切に満たし，特定の保育士が応答的に関わるように努めること。

ウ　乳児保育に関わる職員間の連携や嘱託医との連携を図り，第3章に示す事項を踏まえ，適切に対応すること。栄養士及び看護師等が配置されている場合は，その専門性を生かした対応を図ること。

エ　保護者との信頼関係を築きながら保育を進める

とともに，保護者からの相談に応じ，保護者への支援に努めていくこと。

オ　担当の保育士が替わる場合には，子どものそれまでの生育歴や発達過程に留意し，職員間で協力して対応すること。

2　1歳以上3歳未満児の保育に関わるねらい及び内容

(1) 基本的事項

ア　この時期においては，歩き始めから，歩く，走る，跳ぶなどへと，基本的な運動機能が次第に発達し，排泄(せつ)の自立のための身体的機能も整うようになる。つまむ，めくるなどの指先の機能も発達し，食事，衣類の着脱なども，保育士等の援助の下で自分で行うようになる。発声も明瞭になり，語彙も増加し，自分の意思や欲求を言葉で表出できるようになる。このように自分でできることが増えてくる時期であることから，保育士等は，子どもの生活の安定を図りながら，自分でしようとする気持ちを尊重し，温かく見守るとともに，愛情豊かに，応答的に関わることが必要である。

イ　本項においては，この時期の発達の特徴を踏まえ，保育の「ねらい」及び「内容」について，心身の健康に関する領域「健康」，人との関わりに関する領域「人間関係」，身近な環境との関わりに関する領域「環境」，言葉の獲得に関する領域「言葉」及び感性と表現に関する領域「表現」としてまとめ，示している。

ウ　項の各領域において示す保育の内容は，第1章の2に示された養護における「生命の保持」及び「情緒の安定」に関わる保育の内容と，一体となって展開されるものであることに留意が必要である。

(2) ねらい及び内容

ア　健康

健康な心と体を育て，自ら健康で安全な生活をつくり出す力を養う。

(ア) ねらい

① 明るく伸び伸びと生活し，自分から体を動かすことを楽しむ。

② 自分の体を十分に動かし，様々な動きをしようとする。

③ 健康，安全な生活に必要な習慣に気付き，自分でしてみようとする気持ちが育つ。

(イ) 内容

① 保育士等の愛情豊かな受容の下で，安定感をもって生活をする。

② 食事や午睡，遊びと休息など，保育所における生活のリズムが形成される。

③ 走る，跳ぶ，登る，押す，引っ張るなど全身を使う遊びを楽しむ。

④ 様々な食品や調理形態に慣れ，ゆったりとした雰囲気の中で食事や間食を楽しむ。

⑤ 身の回りを清潔に保つ心地よさを感じ，その習慣が少しずつ身に付く。

⑥ 保育士等の助けを借りながら，衣類の着脱を自分でしようとする。

⑦ 便器での排泄(せつ)に慣れ，自分で排泄ができるようになる。

(ウ) 内容の取扱い

上記の取扱いに当たっては，次の事項に留意する必要がある。

① 心と体の健康は，相互に密接な関連があるものであることを踏まえ，子どもの気持ちに配慮した温かい触れ合いの中で，心と体の発達を促すこと。特に，一人一人の発育に応じて，体を動かす機会を十分に確保し，自ら体を動かそうとする意欲が育つようにすること。

② 健康な心と体を育てるためには望ましい食習慣の形成が重要であることを踏まえ，ゆったりとした雰囲気の中で食べる喜びや楽しさを味わい，進んで食べようとする気持ちが育つようにすること。なお，食物アレルギーのある子どもへの対応については，嘱託医等の指示や協力の下に適切に対応すること。

③ 排泄(せつ)の習慣については，一人一人の排尿間隔等を踏まえ，おむつが汚れていないときに便器に座らせるなどにより，少しずつ慣れさせるようにすること。

④ 食事，排泄(せつ)，睡眠，衣類の着脱，身の回りを清潔にすることなど，生活に必要な基本的な習慣については，一人一人の状態に応じ，落ち着いた雰囲気の中で行うようにし，子どもが自分でしようとする気持ちを尊重すること。また，基本的な生活習慣の形成に当たっては，家庭での生活経験に配慮し，家庭との適切な連携の下で行うようにすること。

イ　人間関係

他の人々と親しみ，支え合って生活するために，自立心を育て，人と関わる力を養う。

(ア) ねらい

① 保育所での生活を楽しみ，身近な人と関わる心地よさを感じる。

② 周囲の子ども等への興味や関心が高まり，関わりをもとうとする。

③ 保育所の生活の仕方に慣れ，きまりの大切さ

に気付く。

（イ）内容

①　保育士等や周囲の子ども等との安定した関係の中で，共に過ごす心地よさを感じる。

②　保育士等の受容的・応答的な関わりの中で，欲求を適切に満たし，安定感をもって過ごす。

③　身の回りに様々な人がいることに気付き，徐々に他の子どもと関わりをもって遊ぶ。

④　保育士等の仲立ちにより，他の子どもとの関わり方を少しずつ身につける。

⑤　保育所の生活の仕方に慣れ，きまりがあることや，その大切さに気付く。

⑥　生活や遊びの中で，年長児や保育士等の真似をしたり，ごっこ遊びを楽しんだりする。

（ウ）内容の取扱い

上記の取扱いに当たっては，次の事項に留意する必要がある。

①　保育士等との信頼関係に支えられて生活を確立するとともに，自分で何かをしようとする気持ちが旺盛になる時期であることに鑑み，そのような子どもの気持ちを尊重し，温かく見守るとともに，愛情豊かに，応答的に関わり，適切な援助を行うようにすること。

②　思い通りにいかない場合等の子どもの不安定な感情の表出については，保育士等が受容的に受け止めるとともに，そうした気持ちから立ち直る経験や感情をコントロールすることへの気付き等につなげていけるように援助すること。

③　この時期は自己と他者との違いの認識がまだ十分ではないことから，子どもの自我の育ちを見守るとともに，保育士等が仲立ちとなって，自分の気持ちを相手に伝えることや相手の気持ちに気付くことの大切さなど，友達の気持ちや友達との関わり方を丁寧に伝えていくこと。

ウ　環境

周囲の様々な環境に好奇心や探究心をもって関わり，それらを生活に取り入れていこうとする力を養う。

（ア）ねらい

①　身近な環境に親しみ，触れ合う中で，様々なものに興味や関心をもつ。

②　様々なものに関わる中で，発見を楽しんだり，考えたりしようとする。

③　見る，聞く，触れるなどの経験を通して，感覚の働きを豊かにする。

（イ）内容

①　安全で活動しやすい環境での探索活動等を通

して，見る，聞く，触れる，嗅ぐ，味わうなどの感覚の働きを豊かにする。

②　玩具，絵本，遊具などに興味をもち，それらを使った遊びを楽しむ。

③　身の回りの物に触れる中で，形，色，大きさ，量などの物の性質や仕組みに気付く。

④　自分の物と人の物の区別や，場所的感覚など，環境を捉える感覚が育つ。

⑤　身近な生き物に気付き，親しみをもつ。

⑥　近隣の生活や季節の行事などに興味や関心をもつ。

（ウ）　内容の取扱い

上記の取扱いに当たっては，次の事項に留意する必要がある。

①　玩具などは，音質，形，色，大きさなど子どもの発達状態に応じて適切なものを選び，遊びを通して感覚の発達が促されるように工夫すること。

②　身近な生き物との関わりについては，子どもが命を感じ，生命の尊さに気付く経験へとつながるものであることから，そうした気付きを促すような関わりとなるようにすること。

③　地域の生活や季節の行事などに触れる際には，社会とのつながりや地域社会の文化への気付きにつながるものとなることが望ましいこと。その際，保育所内外の行事や地域の人々との触れ合いなどを通して行うこと等も考慮すること。

エ　言葉

経験したことや考えたことなどを自分なりの言葉で表現し，相手の話す言葉を聞こうとする意欲や態度を育て，言葉に対する感覚や言葉で表現する力を養う。

（ア）ねらい

①　言葉遊びや言葉で表現する楽しさを感じる。

②　人の言葉や話などを聞き，自分でも思ったことを伝えようとする。

③　絵本や物語等に親しむとともに，言葉のやり取りを通じて身近な人と気持ちを通わせる。

（イ）内容

①　保育士等の応答的な関わりや話しかけにより，自ら言葉を使おうとする。

②　生活に必要な簡単な言葉に気付き，聞き分ける。

③　親しみをもって日常の挨拶に応じる。

④　絵本や紙芝居を楽しみ，簡単な言葉を繰り返したり，模倣をしたりして遊ぶ。

⑤　保育士等とごっこ遊びをする中で，言葉のやり取りを楽しむ。

⑥　保育士等を仲立ちとして，生活や遊びの中で友達との言葉のやり取りを楽しむ。

⑦　保育士等や友達の言葉や話に興味や関心をもって，聞いたり，話したりする。

（ウ）内容の取扱い

　　上記の取扱いに当たっては，次の事項に留意する必要がある。

①　身近な人に親しみをもって接し，自分の感情などを伝え，それに相手が応答し，その言葉を聞くことを通して，次第に言葉が獲得されていくものであることを考慮して，楽しい雰囲気の中で保育士等との言葉のやり取りができるようにすること。

②　子どもが自分の思いを言葉で伝えるとともに，他の子どもの話などを聞くことを通して，次第に話を理解し，言葉による伝え合いができるようになるよう，気持ちや経験等の言語化を行うことを援助するなど，子ども同士の関わりの仲立ちを行うようにすること。

③　この時期は，片言から，二語文，ごっこ遊びでのやり取りができる程度へと，大きく言葉の習得が進む時期であることから，それぞれの子どもの発達の状況に応じて，遊びや関わりの工夫など，保育の内容を適切に展開することが必要であること。

オ　表現

　　感じたことや考えたことを自分なりに表現することを通して，豊かな感性や表現する力を養い，創造性を豊かにする。

（ア）ねらい

①　身体の諸感覚の経験を豊かにし，様々な感覚を味わう。

②　感じたことや考えたことなどを自分なりに表現しようとする。

③　生活や遊びの様々な体験を通して，イメージや感性が豊かになる。

（イ）内容

①　水，砂，土，紙，粘土など様々な素材に触れて楽しむ。

②　音楽，リズムやそれに合わせた体の動きを楽しむ。

③　生活の中で様々な音，形，色，手触り，動き，味，香りなどに気付いたり，感じたりして楽しむ。

④　歌を歌ったり，簡単な手遊びや全身を使う遊びを楽しんだりする。

⑤　保育士等からの話や，生活や遊びの中での出来事を通して，イメージを豊かにする。

⑥生活や遊びの中で，興味のあることや経験したことなどを自分なりに表現する。

（ウ）内容の取扱い

　　上記の取扱いに当たっては，次の事項に留意する必要がある。

①　子どもの表現は，遊びや生活の様々な場面で表出されているものであることから，それらを積極的に受け止め，様々な表現の仕方や感性を豊かにする経験となるようにすること。

②　子どもが試行錯誤しながら様々な表現を楽しむことや，自分の力でやり遂げる充実感などに気付くよう，温かく見守るとともに，適切に援助を行うようにすること。

③　様々な感情の表現等を通じて，子どもが自分の感情や気持ちに気付くようになる時期であることに鑑み，受容的な関わりの中で自信をもって表現をすることや，諦めずに続けた後の達成感等を感じられるような経験が蓄積されるようにすること。

④　身近な自然や身の回りの事物に関わる中で，発見や心が動く経験が得られるよう，諸感覚を働かせることを楽しむ遊びや素材を用意するなど保育の環境を整えること。

（3）保育の実施に関わる配慮事項

ア　特に感染症にかかりやすい時期であるので，体の状態，機嫌，食欲などの日常の状態の観察を十分に行うとともに，適切な判断に基づく保健的な対応を心がけること。

イ　探索活動が十分できるように，事故防止に努めながら活動しやすい環境を整え，全身を使う遊びなど様々な遊びを取り入れること。

ウ　自我が形成され，子どもが自分の感情や気持ちに気付くようになる重要な時期であることに鑑み，情緒の安定を図りながら，子どもの自発的な活動を尊重するとともに促していくこと。

エ　担当の保育士が替わる場合には，子どものそれまでの経験や発達過程に留意し，職員間で協力して対応すること。

● 索 引

● 編著者　　　　　　　　　　　　　　　　　　〔執筆分担〕

咲間まり子　函館短期大学保育学科 教授　　　　　第1章

● 著者（五十音順）

浅木尚実　白鷗大学教育学部 教授　　　　　　　　　第7章

小川千晴　元聖隷クリストファー大学社会福祉学部 助教　第9章-1・2

郭　小蘭　会津大学短期大学部幼児教育学科 教授　　第4章-2・3

菊地篤子　名古屋柳城女子大学こども学部 准教授　　第6章

木村たか子　社会福祉法人桃木会 理事長　　　　　第3章-1・2・6　第4章-1

木村由希　常磐短期大学幼児教育保育学科 准教授　　第5章-4・5

永井久美子　帝塚山大学教育学部 准教授　　　　　　第3章-3・4・5

永瀬悦子　郡山女子大学短期大学部幼児教育学科 准教授　第8章

中野明子　福島学院大学短期大学部保育学科 講師　　第9章-3

波多野名奈　千葉経済大学短期大学部こども学科 准教授　第2章

細井　香　東京家政大学子ども支援学部 教授　　　　第5章-1・2・3

丸橋亮子　恵泉女学園大学人間社会学部 准教授　　　第4章-4・5

コンパス　乳児保育

2018年（平成30年）2月15日　初 版 発 行
2024年（令和6年）1月15日　第8刷発行

編著者　咲 間 ま り 子

発行者　筑 紫 和 男

発行所　株式会社 建 帛 社
　　　　KENPAKUSHA

〒112-0011 東京都文京区千石4丁目2番15号
TEL（03）3944-2611
FAX（03）3946-4377
https://www.kenpakusha.co.jp/

ISBN 978-4-7679-5063-1　C3037　　　　　教文堂／愛千製本所
©咲間まり子ほか, 2018.　　　　　　　　　Printed in Japan
（定価はカバーに表示してあります）